走在祖国大地上

北大选调生的基层治理实践

（下册）

宁琦 ◎主编

北京大学出版社

图书在版编目(CIP)数据

走在祖国大地上:北大选调生的基层治理实践.下册/宁琦主编.——北京:北京大学出版社,2024.7.

ISBN 978-7-301-35230-4

Ⅰ.K828.4

中国国家版本馆CIP数据核字第2024YT3511号

书　　　名	走在祖国大地上——北大选调生的基层治理实践(下册) ZOUZAI ZUGUO DADISHANG——BEIDA XUANDIAOSHENG DE JICENG ZHILI SHIJIAN(XIACE)
著作责任者	宁　琦　主编
责 任 编 辑	王斯宇
标 准 书 号	ISBN 978-7-301-35230-4
出 版 发 行	北京大学出版社
地　　　址	北京市海淀区成府路205号　100871
网　　　址	http://www.pup.cn
电 子 邮 箱	编辑部 lk2@pup.cn　总编室 zpup@pup.cn
电　　　话	邮购部 010-62752015　发行部 010-62750672 编辑部 010-62764976
印 刷 者	北京九天鸿程印刷有限责任公司
经 销 者	新华书店
	720毫米×1020毫米　16开本　9.75印张　158千字 2024年7月第1版　2024年7月第1次印刷
定　　　价	59.00元(精装)

未经许可,不得以任何方式复制或抄袭本书之部分或全部内容。
版权所有,侵权必究
举报电话:010-62752024　电子邮箱:fd@pup.cn
图书如有印装质量问题,请与出版部联系,电话:010-62756370

本书编委会

主　　　编：宁　琦

执行主编：樊　志

执行副主编：李晓瑭　张　雯

参编人员：（按姓氏笔画排序）

王子元　王凤清　田佳轩　刘路午　刘腾文
肖啟泽　邱喆倩　张浩然　陈　晞　邵吉祺
周起斌　胡潇予　洪润琪　袁倩倩　徐　涛
高佳皓　黄进晟　曹　彧　蒋　莹　楼　雨
简钰清

目 录

公共文化建设助力基层社会治理的实践探索 …………… 王晨曲 / 1

以终身教育模式推进人口老龄化背景下的乡村治理——基于
 福建乡村乐龄学堂实践的研究 …………… 马 骉 / 9

面向新时期的党建创新研究——以"虹梅庭"为例 …… 杨宇潇 / 21

基层治理现代化视域下农村信访工作的实践调研 ……… 郭柏宏 / 40

重大疫情下农村的防控实践及其治理逻辑——基于内蒙古
 H镇部分行政村新冠疫情的防控分析 …………… 袁伊劲 / 56

以河北省为例浅析我国农村安全宣传当前面临的问题及
 对策 …………… 孙一鸣 / 70

积分制管理助力乡村振兴——以山东省临沂市沂南县
 岸堤镇为例 …………… 许柏林 翟玉洁 / 81

"地下车库的开放与合理使用"调研笔记 …………… 赵舸航 / 94

创新探索基层治理现代化的"双线融合"机制——兼议成都信托
 制物业的制度优势和落地保障 …………… 陈 陶 / 105

乡村振兴的法治化——解读《乡村振兴促进法》 ………… 刘 珺 / 117

基层治理视域下农业型农村养老服务问题研究——基于Y镇
 S村的案例分析 …………… 李翊铭 / 134

公共文化建设助力基层社会治理的实践探索

王晨曲

作者简介

王晨曲,山西吕梁市人,出生于1985年5月,北京大学前沿交叉学科研究院2017届博士毕业生,在校期间获得北京大学优秀毕业生、北京大学优秀共产党员、北京大学三好学生标兵等荣誉称号。毕业后选调至陕西省咸阳市,现任咸阳市秦都区副区长。

摘　要:公共文化服务体系建设是丰富人民精神世界的重要保障。通过不断提高公共文化服务供需的匹配度,提升人民群众公共文化活动的参与度,凝聚社会力量,激发群众活力,以润物细无声的方式实现社会善治,发挥文化的社会治理功能。本文以秦都区"党建带群建"促进公共文化服务体系建设为例,探索公共文化社会治理路径。

关键词:公共文化服务体系建设;社会治理;中国式现代化

党的二十大报告提出"中国式现代化是物质文明和精神文明相协调的现代化",丰富人民精神世界作为中国式现代化的本质要求之一,是未来全面建设社会主义现代化国家起步阶段的主要目标和任务。加快推进公共文化服务体系建设是丰富人民精神世界、推动我国文化繁荣发展的一项重大战略部署,直接影响和决定着人民群众文化生活从空虚到充实、社区文化共识从变动到稳定、文化价值理念从模糊到具象,对国家现代化治理、经济社会的稳定和发展有着重要的促进作用。

一、公共文化服务体系建设现状及存在问题

党的十八大以来,以习近平同志为核心的党中央高度重视公共文化服务体

系建设，始终坚持以人民为中心，不断优化城乡文化资源配置，推动基层文化惠民工程扩大覆盖面、增强实效性。《"十四五"公共文化服务体系建设规划》中强调，要进一步提升治理能力，健全支持开展群众性文化活动机制，鼓励社会力量参与公共文化服务体系建设，鼓励提供更高质量、更有效率、更加公平、更可持续的公共文化服务，不断增强人民群众文化获得感、幸福感。

一是基层公共文化设施网络建设不断完善。近年来，我国颁布实施公共文化服务保障法、公共图书馆法、博物馆条例等法律法规，制定出台国家基本公共文化服务指导标准，公共文化服务标准化、均等化建设稳步推进，人民基本文化权益保障更加有力。通过结合决胜脱贫攻坚、推动乡村振兴、开展新时代文明实践等，公共文化设施不断向基层"最后一公里"延伸，分散、独立的资源形成组织体系，不断输送到乡村、小区，送到群众身边。截至2021年底，全国共有公共图书馆3 215个，文化馆3 316个，博物馆6 183个，乡镇（街道）文化站4.02万个，村级（小区）综合文化服务中心57.53万个。全国近95%县区完成了文化馆、图书馆总分馆建设，所有公共图书馆、文化馆、综合文化站和91%博物馆实行免费开放[1]。

二是公共文化服务方式多元多样不断创新。为满足人民群众对更丰富、高品位文化生活日益高涨的需要，公共文化服务供给模式由"政府端菜"向"群众点菜"转变，采取个性化、订单式服务，增加群众自主选择权，实现需求导向和供给改革相契合。通过加快推进智慧图书馆体系和公共文化云建设，依托智慧广电、有线电视、无线网络等资源，丰富多样、安全便捷的线上文化产品和服务不断推出，从"云端"到"指尖"，实现了公共文化服务"零距离""不打烊"。通过探索推行"24小时博物馆"、市民艺术夜校等夜间文化活动，将"送文化"和"种文化"相结合，群众文化队伍建设不断加快，文化惠民、文化乐民、文化育民的氛围逐步形成。

三是"公共文化+"服务新型空间不断涌现。公共文化空间具有涵养全民美感、抚慰人们心灵的重要作用。建立完善成熟、富有个性和审美性的公共文化服务体系是新时代的需求，一批小而美、精而新的新型公共文化空间出现在了群众的家门口，打破了传统的运营模式，提供集图书阅读、艺术展览、文化沙龙、轻食餐饮等为一体的综合服务，将个性化、场景化、艺术化的硬件风格与灵活多元的文化服务相结合，吸引更多群众参与其中，开阔群众文化视野，提升群众精神文化生活质量。当前,以数字化改革为引领,文化空间场景、文化标识场景、惠民服务场景等公共文化嵌入式服务空间不断呈现,空间文化驿站、全民在线阅读等服务平台快速推进了供需精准对接,缩小了城乡群众文化资源差异。城市书房、文化综合体、街角美术馆等新型服务空间改变了基层公共图书馆、文化馆原有的"呆板、生硬",增添了些许"时尚、个性",让人们享受更加优质、个性化的公共文化服务成为可能,全民"大美育"格局逐步形成。

四是社会参与公共文化服务机制不断成熟。创新社会力量参与公共文化服务方式,推进社会力量全链条参与公共文化服务,是公共文化服务高质量发展的有效抓手。"政府资源补给+企业自主运营+社会力量参与""政府主导+全馆型社会化运营""政社合作+公共文化活动组织/文化成果共建共享"等模式不断涌现,通过盘活文化资源、发挥市场运行操作文化项目的优势,积极探索公共文化设施社会化建设运行、基层志愿者队伍建设等路径,逐步形成社会力量参与、群众自我展示的良性互动。

尽管当前我国公共文化服务体系日趋完善,但与"完善公共文化服务体系,深入实施文化惠民工程,丰富群众性文化活动,提高基本公共文化服务的覆盖面和适用性"等目标还存在一定的差距。

一是公共文化服务均等化仍存不足。当前,以基层综合性文化中心、文化广场、文化活动室为载体的农村公共生活文化活动服务体系已实现广泛覆盖,农村图书报纸及各类数字产品也在不断增加,演出下基层、电影进乡村等系列文化惠民活动持续开展。但由于城镇化导致的农村人口外流、农民文化基础薄弱等客观因素,农村现有场馆利用率普遍偏低,农民文化作品质量不高,村民参与意愿不强;对空巢老弱病残、留守儿童妇女等群体,文化服务供给不精准,群众无法乐享惠民文化活动。

二是公共文化人才队伍建设仍显乏力。一方面,基层文化人才队伍中专业人员匮乏、年龄偏大、文化素质参差不齐等现象依旧突出,基层文化站负责人员多身兼数职,无法专心安心组织开展文化服务工作,缺少针对本区域群众特点、文化需求开展的特色文化活动,被动接收文化服务时常导致惠民效果不佳。另一方面,基层文化创作、展演、管理、培训等方面人才缺乏,文艺活动带头人不多,影响和制约了群众文化活动的深入开展。

三是公共文化服务供给方式仍需精准。当前公共文化供需矛盾和结构性短缺问题仍存在,一定程度上造成了文化资源和资金投入的浪费。比如农村书屋配备图书种类与村民生产生活需求不符,导致阅读人次少、书籍闲置;社区文化活动中心选址楼层较高,日常活动开展以老年人为主,因其出行不便导致活动参与率较低等。再如,公共文化服务存在多部门参与、多头管理现象,一些公共文化设施、队伍、资源未能有效整合,特别是一些数字文化资源,面对群众服务时自成一体,群众需求存在对接空点,使得服务获得感不强。

四是公共文化多元参与机制仍待完善。公共服务建设须坚持政府主导、社会参与、重心下移、共建共享,但目前公共文化服务体系重建设、轻服务现象仍存在,很多阵地建成后因运行机制不完善导致工作运维人员短缺、场所实际开放率不高,存在建而不用、挪作他用现象。为解决公共文化服务供给不足问题,政府通过购买服务、引入社会力量参与等方式提高服务供给质量,但由于公共文化服务涉及社会治理、意识形态及价值传输等社会功能,监管机制缺失或落实不力则会直接影响社会文化认同构建及公民精神培育。

上述问题的核心仍是公共文化服务供需间存在矛盾,文化资源与群众需求未能有效衔接,因缺少组织引领,公共文化活动质量不高,群众参与积极性不强,公共文化服务仍须创新模式推进高质量发展。

二、公共文化服务建设赋能基层社会治理的路径探索

秦都区位于陕西省咸阳市的主城区,是咸阳市的经济、政治、文化中心,也是西(安)咸(阳)一体化的承接地。近年来,秦都区区委区政府把公共文化高质量发展作为提升城市文化软实力的重要抓手,创新实施以党建带群建的公共文化服务模式,充分发挥基层党组织作用。通过成立兴趣链党建联盟,由党员广泛团结、带领群众开展各类形式多样、群众喜闻乐见的文化活动,实现了基层党建与基层治理、公共文化服务的紧密结合、同向发力,通过丰富群众精神文化生活,聚合力、凝人心、促治理,逐步探索形成一条文化赋能基层社会治理的有效路径。

(一)基本情况

秦都区下辖10个街道办事处,47个行政村,114个城市社区,已建成文化馆图书馆街道分馆10个,社区(村)文化馆图书馆服务点75个,街办综合文化服务中心10个,社区(农村)文化服务中心161个,区、街办、村(社区)三级公共

文化基础设施网络基本建成。秦都区作为咸阳市主城区,常住人口约70万,群众精神文化需求多样,如何整合文化资源、提升公共文化服务质量、激发群众参与热情一直是全区开展高质量文化建设的聚焦点。2019年,全区开启了"三链"党建联盟建设,把党组织和党员作用发挥在发展链、服务链、兴趣链上,按照"党建引领社团,兴趣凝结群众,区域共建联盟,全民共享和谐"的工作思路,在社会影响面大的同类别兴趣团队中成立兴趣链党建联盟,教育引领群众开展多种文娱活动,以党建引领文化,用文化凝聚力量。

2019年5月24日,首个兴趣链党建联盟——全民阅读社团党建联盟正式成立。随后,又陆续成立模特走秀、戏剧、舞蹈、健身气功、门球、足球、音乐、摄影、柔力球、书法、篮球等11个社区党建联盟,并在区图书馆和11个社区建立了专门的活动场所。2020年,成立了健步走、赏石艺术等6个党建联盟。2021年,成立了话剧、诗词楹联、国标舞、瑜伽等6个党建联盟,党建联盟规模进一步扩大,在文化、艺术、体育领域的涉及面更广,基本涵盖群众生活中喜闻乐见的各个类型。截至目前,全区共成立兴趣链党建联盟24个,吸收党员4 100余名,带动9万余名群众活跃在各个文化艺术社团中。

(二)主要做法

兴趣链党建联盟工作开展以来,通过抓协会、抓制度、抓阵地"三个抓手",积极开展设施器材保障、专业技术培训、政策宣讲"三项服务",对辖区文化体育等群众兴趣活动队伍、辖区现有活动阵地、活动信息等资源进行全面整合,每一个兴趣链党建联盟都有主题、有场所、有计划、有落实、有成效,切切实实发挥着服务群众的重要作用,有效实现组织力、凝聚力、引领力"三个提升"。

一是加强党组织引领,夯实公共文化服务基础。按照"自治+共治"的原则,兴趣链党建联盟日常管理中,推选德艺双馨的领军人物担任各兴趣链党建联盟的主席,从机关单位中选派优秀共产党员担任党建指导员,各分支队伍负责人担任委员,共同指导社团活动开展,实现政府主导与群众参与"同频共振"。例如,全民阅读社团党建联盟总负责人由咸阳阅读会常务主席担任,区图书馆工作人员担任社团联络人,共同指导全民阅读协会开展活动。每个党建联盟都有明确的组织架构、职责职能、章程制度、活动阵地和活动计划。党建联盟定期召集各社团负责人会议统一思想认识,审核活动内容,确保社团每一项活动都在党组织引领下健康有序开展。

二是整合盘活文化资源,丰富公共文化供给模式。位于秦都区市民服务中心6楼的党建联盟活动中心占地面积180平方米。这里不但为全区党建联盟开展活动提供了场地,而且是一个开放的党史展览馆,每参加一次文化活动,参与者都能接受一次党史精神的洗礼。除活动中心外,每一个兴趣链党建联盟都有固定的活动场所,根据不同街道情况,或与各街道文化站相结合,或与社区物业相结合,既盘活了固定资产资源,又使公共文化服务场所得到了最大延伸。在此基础上,相关部门、各街道党组织牵头,积极协调驻区高校、区属中小学及市体育局、市文化和旅游局等市级单位,向各类兴趣社团开放文体场馆160余处,实现了资源共享、互利互惠,搭建起公共文化的"大舞台"。

三是做亮群众文化品牌,提升公共文化吸引力。按照"一街办一品牌,一社区一亮点"的工作思路,采取"区、街道、社区"三级联动、条块结合的模式,根据不同街办、不同社区的实际情况,紧贴居民兴趣爱好,分类打造各具特色的街办和社区兴趣链党建联盟,为基层群众文艺社团搭建广阔的舞台。例如,利用人民路街道办事处辖区内文化广场、室内剧场等活动场所资源丰富的优势,由人民路街道办重点包抓舞蹈社团党建联盟,打造人民路街道办舞蹈社团党建联盟品牌;充分发挥华泰社区书法文化名人鲁守平的"名人效应",将书法兴趣链党建联盟总盟建设于华泰社区内,由华泰社区为书法社团党建联盟日常活动开展提供阵地及服务保障,吸引更多的群众加入书法兴趣链党建联盟之中。

四是完善运行管理机制,逐步形成共建共享大格局。为了促进社团的良性发展,区政府出台了《秦都区群众性文化体育社团建设扶持实施办法》,通过星级评定的方式以奖代补,将数百支群众文化社团纳入有效的管理体系中,促进了群众文化的交流和水平提升,使团队从"自娱自乐型"转换为"示范带动型"。一条兴趣链串联了全区各部门、各单位,构建起区域内组织共建、资源共享、机制衔接、功能优化的区域化党员服务群众的工作格局,"有钱的出钱,有物的出物,有人的出人,有艺的出艺"的共建共享模式,彻底打破了公共文化服务供给单一、群众参与度不高的局面,为推动基层文化建设提供了全新的模式。

(三)成效经验

兴趣链党建联盟启动以来,各兴趣联盟通过开展形式多样、群众喜闻乐见、覆盖社会各层面的文化体育活动,使兴趣活动真正实现全民化,吸引更多群众参与到活动中来,打通公共文化服务"最后一公里",切实成为城市文明和文化提升的宣传者和带动者。

一是专业联动,以高质量激发公共文化活力。兴趣链党建联盟的建设,整合了大量文化资源,极大激发了群众参与文化活动的热情,通过专业指导和培训,提升了公共文化活动质量,培育了大批群众文艺力量,有组织、有队伍、有活动、有平台的"四有"公共文化服务体系初步形成。各个团队年度策划组织指导举办的各类文体活动保持在500余场次以上。以区文化馆为例:2019年,文化馆吸纳金穗中老年合唱团、红枫艺术团、老年模特队、骄阳艺术团等11支团队,全年参与活动达到32 000人次,比2018年增加了7 000人次;2020年虽然受疫情影响,但是区文化馆吸纳力度之声合唱团等10支团队,全年进馆活动达到25 000人次以上。目前,秦都区已经发展兴趣社团260支,50人以上的群众社团就达到50多个,其中,爱乐乐团、舞韵艺术团、民众剧团、河畔秦腔艺术团等十余支团队已具有相当规模和较好的艺术水准,常年活跃在市区文艺舞台上并积极参加各级文化部门组织的艺术大赛,获得了诸多奖项,在活跃基层文化中发挥了非常重要的示范带动和辐射作用。

二是聚集核心,大力培育践行社会主义核心价值观。坚持党的引领,将丰富多样的活动与时代所需结合起来,用文化活动团结群众、凝聚力量、濡化精神,传递时代正能量,促进社区文化文明建设。围绕建党100周年,各兴趣链党建联盟积极开展"百场巡演扬风貌""百场电影忆征程""百首红歌映初心""百卷书画颂党恩""经典诗词朗诵会"等主题活动。组织开展各类文艺汇演千余场次,组织党史知识竞赛108场,讲授党史知识专题党课112场,展示书画、摄影优秀作品166幅,播放红色电影200余场,在全区营造了学党史、感党恩、听党话、跟党走的浓厚氛围。围绕全市创建文明城市,兴趣链党建联盟先后组织参与了秦腔表演、经典诵读会、社区文化艺术节、街办文化演出、创文消夏晚会等30余场大型晚会、近百场社区演出,积极参与全民健身日展演、区机关篮球赛、群众乙级足球联赛等体育赛事,通过活动增加了辖区居民对创文工作的认知度与参与感,增强创文宣传的感染力,极大增强了群众的文明意识。围绕疫情防控,兴趣链党建联盟充分发挥"宣传员"作用,累计创作书画作品130幅、摄影作品500余件,创作了疫情防控主题歌曲、舞蹈、快板等文艺作品60余件,用文艺作品向一线防控人员致敬。同时,还开展网上教学、指导居家健身等活动50余次,为疫情防控加油助力。

三是精准创新,公共文化服务机制不断成熟。积极构建"基本服务政府兜底、公共服务多元供给、专业化服务市场为主"的社区公共文化服务新格局,探索"公益+市场"模式,引进爱尚秦等12家社区社会组织,开展各类免费或低偿服务,让群众在家门口就能享受多元的文化服务;推行"社区+物业"模式,由物业提供公共文化场所,社区组织师资志愿者,为群众开展艺术培训和文化活动。依托文化馆、图书馆和行业协会壮大文化志愿者服务队,每年志愿者下基层培训文艺骨干,年均达500人次;为充分发挥兴趣链党建联盟在关爱老幼工作中的主力军作用,各社团积极探索围绕助老扶幼的"帮带模式"。组织"五老"(老干部、老战士、老教师、老模范、老专家)群体,开展教育宣讲、社会实践、文化娱乐、结对帮教等活动,丰富老年人精神生活,培养青少年健康向上的精神风貌。先后举办了"五老"讲党史、"红色之旅"夏令营、诗歌朗诵赛、演讲比赛、书画摄影大赛等活动,引导老年人老有所为,发挥余热。

健全现代公共文化服务体系、不断满足人民日益增长的精神文化需求是一项内涵深邃、意义深远的系统工程,需要调动政府、市场、社会各方面积极参与、共同发力。推进公共文化服务高质量发展,激发群众文化创造活力,创造出更多人民群众自我供给的新样态、新方式,不断丰富人民群众精神世界,实现个人精神需求的普遍满足、集体精神价值的普遍认可和社会精神追求的普遍共识,进而提高整个社会的道德文明水平,提升整个社会的认知判断能力。通过公共文化建设激发群众广泛参与社会治理热情,逐步建设形成人人有责、人人尽责、人人享有的社会治理共同体,以社会治理现代化助力推进中国式现代化。

参考文献

[1] 王蔚.推进公共文化高质量发展[N].光明日报,2022-9-6(2).

以终身教育模式推进人口老龄化背景下的乡村治理
——基于福建乡村乐龄学堂实践的研究

马 骕

作者简介

马骕,福建三明人,出生于1985年10月,北京大学国际关系学院外交学系2012届硕士毕业生。毕业后选调至福建,现任职于福建三明某市直部门。

摘 要:在党提出的乡村振兴二十字要求中,治理有效是乡村振兴的重要保障。要想推进乡村有效治理,首先要正视乡村碎片化和人口老龄化的现实。四十年多年的城镇化发展,使得凝固的城乡二元结构被打破,乡村从土地耕种到家庭构成都被碎片化。这意味着要想实现乡村有效治理,就必须对乡村进行有效再组织。人口老龄化是当前我国面临的现实问题,特别是在部分地区的农村,因为资源禀赋、产业发展、公共服务等不足以支撑在地发展的需要,青壮年选择离开家乡,留在村里的多数是老弱妇孺,在地老龄化率更高,这意味着必须围绕老年人推进乡村再组织。本文以福建全民终身教育促进会和福建部分地方党委政府合作开展的乡村乐龄学堂模式为例,探索以终身教育模式来主动应对乡村碎片化和人口老龄化,寓治理于服务中,实现基层党组织领导下的乡村再组织,积极推进乡村振兴的道路。

关键词:福建乡村乐龄学堂;终身教育;人口老龄化;乡村治理;再组织

乡村,是具有自然、社会、经济特征的地域综合体,兼具生产、生活、生态、文化等多重功能①。治理,是对公共事务进行控制、引导、整治、调理以及提供公共服务的过程与活动。乡村治理,就是在乡村这样一个地域内对公共事务进行治理活动的总称。在新时代推进乡村治理,首先要面对乡村碎片化和人口老龄化的现实,完成对乡村的再组织,才能实现有效治理,进而保障乡村的全面振兴。

一、乡村碎片化导致的"四大皆空"产生了对乡村再组织的需求

有效治理的前提是把人有效地组织起来,形成有序的团体内或区域内秩序。从新中国成立后到改革开放前形成的稳定乡村结构秩序,在过去四十多年的城镇化过程中被打乱重构,城乡二元结构已经松动,但是新的秩序还在进一步建立过程中,呈现出多元化碎片化的状态。基层在开展治理过程中,首先要面对的现实是由于家庭成员、经济发展、社会服务、文化活动等碎片化带来的"四大皆空"——家庭空巢化、村庄空心化、村财空壳化和精神空虚化。

1. 家庭空巢化——要求更多的社会化照料服务。四十多年的城镇化进程,造就了城镇巨大的虹吸力,加上多数乡村的本土资源禀赋无法支撑足够的人员在地化就业,大量家庭的青壮年外出就业,其中不少把孩子也一起带出去就学,一个家庭分成两个地方是常态。乡村家中留下的多数是老人,他们居住的房子不一定小但一定空荡荡,这就是家庭空巢化。家庭空巢化后,由于在外的家庭成员无法承担日常的照料任务,留守老年人需要自行解决生产和生活中出现的各种问题,在地化的社会化养老服务的需求就变得更多。但目前的乡村并不能提供足够合适的社会化养老服务,甚至老年人简单的社会性需求,如有人说说话,都不易得到满足,近年来部分地区出现的老人过世后无人发现的个别案例就是结果之一。

2. 村庄空心化——需要聚集更多的人气。随着空巢家庭越来越多,整个村庄日常活动的常住人口也越来越少,部分乡村甚至出现夜晚街上的路灯比家里

---

① 见《乡村振兴战略规划(2018—2022年)》。

亮着的灯还要多的情况。近年来,随着国家大力推进城乡基本公共服务均等化,休憩场所、农家书屋等公共服务也逐渐完善。比如面对老龄化进程的加快,各地都在努力补短板,重视乡村集中养老设施的建设,建成一批集吃住娱于一体的养老院。但由于传统养老观念还未得到彻底改变,这种集中养老模式在多数地区还存在运营上的问题。多数时候,乡村敬老设施的空置率还是比较高的,仍旧缺乏人气的支持。

3. 村财空壳化——需要低成本可持续的组织模式。当前,部分乡村的情况是林地、耕地、矿产等资产资源不再掌握在作为集体代表的村两委手中,集体组织的经济功能弱化。对这些乡村的村两委来说,由于没有掌握足够的经济资源,集体收入发展缺乏足够的平台和好的项目,面临村级自有收入不稳定的情况。而上级的转移支付仅能满足村两委的日常工作运转,缺少为民服务的经济和物质基础。要想做点事,主要是通过向上争取项目的方式来筹集资金。针对缺钱的现实,乡村两级想要把在地的留守人员组织起来,提供合适的公共产品,实现治理有序的第一步,就需要找到一种低成本、可持续的组织模式。

4. 精神空洞化——需要更多在地化文体活动的充实。由于缺乏足够的财力,基层自治组织提供公共产品的能力大大削弱。体现在乡村的精神文化方面,就是精神的空洞化。虽然有各级宣传部门流动电影放映队等定期的文化下乡活动,但是对大多数留守老人而言,娱乐消遣方式比较单一,缺少在地的现场文化娱乐活动。基层组织在丰富精神生活方面工作缺位,非法地下宗教、涉老欺诈等各类违法犯罪现象有所抬头,基层党组织在农村日常事务上的话语权受到影响,同时也影响留守人员的获得感和幸福感,增加社会不稳定因素。

综上所述,只有通过有效的治理化解乡村碎片化带来的各种问题,把分散的经济资源、人力资源、精神文化资源等在党支部的带领下再次组织起来,才能满足村庄持续发展的需求,为实现全面乡村振兴而凝聚资源和力量。

二、超高的在地老龄化率决定了老年人再组织是首要的

在地老龄化率,指的是以常住人口而非户籍人口为基数的老龄化指标。由于我国区域发展不平衡,人口大量从乡村流向城镇,实际上常住人口与户籍人口之间有较大的差异,因而用在地老龄化率更能反映出乡村等一定区域内的社

会老龄化程度。除了老龄化速度快、老龄化程度高[①]、"未富先老"等特点外,当前我国人口老龄化的一个突出特点就是人口老龄化的城乡不平衡。对于广大农村地区来说,由于大量的青壮年人口离开农村地区[②],农村的在地老龄化率会更高。比如,统计数据显示,截至 2020 年末,全国 60 岁以上农村老人 1.2 亿,农村老龄化水平达到 23.81%,比城镇高出 7.99 个百分点。但从笔者曾经工作过 8 年半的闽西北山区多数农村的现实来看,部分的农村地区,特别是大量的传统农业生产区,实际老龄化程度远远超过这一数据,超过 50%—60% 也是很常见的。

城镇化进程的不断推进,使得我国当前的乡村虽然在建制意义上是一个整体,但从空间上实际分为两个部分。一个是在地乡村,主要是因为各种原因无法外出而留在村内从事生产生活的人群及其日常活动形成的社会,这是当前我们谈到乡村治理时所指的空间地域,是主要的治理区域,其主要特点就是以老年人为主。另一个是流动乡村,主要是因就业求学等而流出在外的人群及其日常活动形成的社会,是在地乡村的延伸,其主要特点就是以青壮年为主。这两个部分因为血缘、亲缘等各种关系而关联,不可分割,但其特点亦是截然不同的。这就决定了有效的乡村治理必须从乡村留守老年人为主体这一实际出发。

1. 老年人是从事农业生产的主力。与周边国家(如日本)类似,我国部分乡村老年人已经成为农业生产的主力。2015 年,笔者在任职的乡镇统计到,直接从事农业生产的农民(户主)的平均年龄为 52 岁,7 年过去,平均年龄只会更大不会更小。从单个家庭来说,老年人多数已经不是最主要的经济收入来源。但是由于家中壮劳力在外,留守老人只要还有能力,就会持续从事基本的农事活动,维持基本的生活,减轻子女的负担。

2. 老年人身体机能的系统减弱。老年人的身体机能已经逐渐退化,视觉、听觉和触觉等感官系统逐渐减弱,需要得到系统性的保健和康复才能保证生活

[①] 国家统计局数据显示,2021 年,我国 60 岁及以上人口超 2.67 亿,占全国人口的 18.9%。"十四五"时期,我国人口老龄化程度将进一步加深,60 岁及以上人口占总人口比例将超过 20%,进入中度老龄化社会。

[②] 据国家统计局发布《2021 年国民经济和社会发展统计公报》显示,2021 年全国人户分离的人口突破 5 亿,达到 5.04 亿人,其中流动人口 3.85 亿人。

质量,延缓丧失生活自理能力的进程。

3. 老年人社交活动的整体减少。人是社会性动物,有着基本的社会交往需求,由于基层自治组织在常态化开展活动方面缺位,老年人想要参与有一定规模的现场公共活动变得颇为困难,小团体和点对点的交往还算是比较好的,更多的留守老人是青灯相伴,电视作陪,缺乏社交。

那么,如何将在地老年人再组织起来?其实可以从我党历史上找到答案。在新民主主义革命时期,共产党的部队每到一个新的地方,做的事情是:放下武器,拿起扫把扁担,打扫庭院,挑满水缸。由战士开设识字班,教授村民文化知识等等。人民公社期间,各生产大队以礼堂等公共区域为载体,开展政治理论学习,传达上级精神等等。在这些过程中,军队和农村的基层党组织通过提供服务的方式把群众组织起来,满足群众参与政治、获得宜居环境、强健体魄等需求,实现了党的理论和主张的宣传,动员和发动了群众,壮大了自己。所以,从历史经验和留守老人为主的乡村现实来看,我们首先要在基层党组织的领导下实现对留守老人的再组织,这是有效治理的基础。

三、福建乡村乐龄学堂:通过终身教育模式实现再组织的实践

从古至今,无论中外,由于老年人产出的经济价值与其消耗的资源不对等,绝大多数时候他们都被视为经济社会发展的累赘和负担,是需要纳入成本计算中的。从国家对税收抵扣的项目设置到所谓人口红利的概念,都体现出这种理念。然而,老年人是否能成为一种宝贵的人力资源,通过一定的方式推动其活化,使其产出的价值能超过对其的投入呢?福建乡村乐龄学堂是一种值得借鉴的尝试。

2015年以来,福建省全民终身教育促进会与福建多地党委政府开展合作,践行以人民为中心的发展思想,成立乡村乐龄学堂,整合党政、村民自治组织、社会组织的力量,把留守老人组织起来,积极探索以终身教育模式实现乡村社区的再组织,推进乡村振兴。该项目先后在福建宁德古田县,三明泰宁县、沙县区等地落地,成立了50多所乡村乐龄学堂,组织了数百名志愿者,服务了16 000多名乡村留守老人,形成了"共餐、共学、共伴"的老年教育模式,建

立起较为完整的农村老年教育体系,激活了乡村留守老人的活力,推进了党支部领导下的乡村社会的再组织,探索出基于人口老龄化背景下乡村治理的一种新模式。

(一)福建宁德古田县凤亭村对乡村乐龄学堂的探索

福建省宁德市古田县凤亭村,是因《金翼》而闻名的社会学家、人类学家林耀华先生的故乡。从2015年起,福建省全民终身教育促进会便在这里启动了以终身教育为主题的乡村乐龄学堂项目,实行"共学、共餐、共伴"的模式。福建省全民终身教育促进会、福建农林大学公共管理学院的志愿者与村两委、村民等在地力量合作,依托"金翼之家"这一乡村公共平台,一般在每周六上午开展"共同学习、共同用餐、共同作伴"等活动,把留守老人组织起来。通过每周定期开设课程,定期开展交流等形式,为老年人提供了一个再学习、再社会化的平台,实现了老有所学、老有所乐。自2015年以来,其规模不断扩大,影响不断提升,逐渐在福建的部分乡村得以推广和实施。

(二)福建三明沙县区乡村乐龄学堂的实践

2014年至2020年底,在省、市民政部门的大力支持下,福建省三明市沙县区共建成农村幸福院59所,建成包括棋牌室、阅览室、厨房、餐厅等设施设备在内的完备常场所,初步具备农村老人居家养老的硬件基础。但从运营的实际情况来看,遇到不少困难:一是硬件上去了,软件没配套。农村老人居住分散,本身到农村幸福院活动就不方便。而幸福院只有棋牌室、电视机、书籍等物件,没有配套开展常态化、有组织的公共活动,对老人吸引力不大。二是服务跟上了,价格谈不拢。吃饭是居家养老要解决的基础性问题,所以幸福院在功能设置上配备了厨房、餐厅等场所,但提供的餐饮老人觉得费用高,大部分老人只能接受每餐2—3元的标准,所以用餐的老人不多,无法形成良性循环。

面对这些困境,沙县区委、区政府积极应对,敢于探索,在福建省全民终身教育促进会的指导下,于2017年试点创办了乡村"乐龄学堂",共同探索以终身学习促进社区(农村)居家健康养老新模型。从2017年2个示范点发展到2021年的43所乡村(社区)乐龄学堂,实现全区每个乡镇都至少有一所乐龄学堂,累计在校学员达15 000多人,实现了乡镇全覆盖。(见表1)

表1 2017年下学期至2021年沙县区社区/乡村乐龄学堂创新发展情况

时间	2017年下学期 3所	2018年 5所	2019年 15所	2020年 27所	2021年 43所
发展趋势	点 —————→ 线 —————→ 面				
所在地	姜后村	姜后村	姜后村、富口村	富口镇（2所）	富口镇（2所）
	夏茂社区	夏茂社区	洋元村、麦元片区	高桥镇（2所）	高桥镇（8所）
	洋元村	洋元村	儒元村、乐厝村	夏茂镇（6所）	夏茂镇（6所）
		富口村	涌溪村、澄江楼村	青州镇（4所）	青州镇（4所）
		麦元片区	际口村、西郊村	大洛镇（1所）	大洛镇（1所）
			夏茂、青纸社区	湖源乡（1所）	湖源乡（1所）
				郑湖乡（2所）	郑湖乡（2所）
				南阳乡（1所）	南阳乡（2所）
				南霞乡（1所）	南霞乡（2所）
				虬江街道（3所）	虬江街道（4所）
			城北、城南、城西社区	凤岗街道（4所）	凤岗街道（10所）
					幸福庄园1所

（三）福建乡村乐龄学堂的特点

从创立之初起，福建乡村乐龄学堂就坚持以习近平新时代中国特色社会主义思想为指导，坚持以人民为中心的发展理念，服务乡村振兴战略。在具体教学中，贯彻"丰富生活、陶冶情操、开阔视野、增进友谊、服务社会"的老年教育方针，坚持终身学习促进居家健康养老创新理念，坚持"教、学、乐、为"相结合的教学原则，坚持"面向基层、面向农村、面向农民、面向老人"。其特点归纳如下。

1. 自组织，成体系。乡村乐龄学堂实际上就是留守老人的老年学校，在日常工作过程中形成了基层党支部领导下的自组织模式。每个学堂设校长1名，负责学堂的组织管理，一般由村书记、村主任或村两委成员担任。教学由志愿者老师承担，主要由福建省全民终身教育促进会进行培训。乡村乐龄学堂的运营参照普通学校学期制度，一年分两个学期，有暑假和寒假，制订有教学计划。针对乡村老龄化的现实，采取了适合社区和乡村老龄人的"共学、共餐、共伴"的模式。根据乡村老年人的身体特点，开设常识、兴趣和公益三大类课程，尽量安排劳逸结合、老年人力所能及的课程（见表2）。在课时安排上，乡村乐龄学堂每周安排教学活动一次,每次课程时间约2—4小时,上午集中学习活动,中午一起用餐,下午安排若干个兴趣小组自主开展学习活动(社区学堂按兴趣开展教学,每个兴趣每周上一节课,有的社区最多达到6个课程),使老年人保持精力旺盛、兴致盎然的状态。

表2　福建乡村乐龄学堂课程设置

课程类别	课程内容
基本/常识课程	通识教育、识字识谱、语言表达、计算机与智能手机应用、理财管理、健康保健、文化传承、人际关系、家庭教育与管理、创新创业、绿色环保教育、生态种植等
兴趣课程	人文社会常识、音乐舞蹈、戏剧表演、器乐学习、太极拳健身操、棋牌球类、书法绘画、手工艺术、艺术欣赏、烹饪面点制作、休闲旅游、诗歌快板词创作等
公益课程	志愿服务、公益与合作社知识、利他精神、社会责任与社会服务、社区营造等课程。同时根据情况开展舞蹈、音乐、书画等文体教学创作创新比赛活动,组织到其他乐龄学堂参观学习

2. 低成本,可持续。沙县区的乡村乐龄学堂以留守老人为主,规模不大,人数基本维持在每个学堂50—80人,其运营成本相对比较低(见表3)。开设和运营一所乐龄学堂,成本主要由硬件设施投入、教学管理费用、共餐费用及活动费用等四部分组成。从硬件设施建设来看,多地充分利用闲置的农村幸福院,把农村幸福院的活动室、厨房、餐厅等场所用来给学员上课、用餐,解决了硬件问题。部分没有建设农村幸福院的农村可以设法改造利用旧学校、旧村部和旧厂房,由区财政和民政部门给予部分补助。教学管理费用主要是教师报酬。由于教师以志愿者为主,一般只给予餐食和交通补贴,所需经费通过区政府向省全民终身教育促进会以购买服务的方式支付,区电大工作站从成人教育经费中给予适当投入。学员共餐费用也不高,人均在每餐3—5元,一所学堂的共餐费用一年大概在1万—2万元(见表4)。部分地区开展的乐龄文化艺术节等活动,由于多数以自编自导自演的形式开展,费用从文化部门的下乡资金中进行开支,每次在3 000元左右。

表 3　三明市沙县区乐龄学堂 2017—2021 年经费开支统计表

年份	2017 年下	2018 年	2019 年	2020 年	2021 年上
数量(所)	3	5	15	27	43
经费(元)	9 800	16 500	24 700	65 497	60 167

表 4　沙县区夏茂镇洋元村乐龄学堂 2018—2019 年共餐经费统计表

年份	2018 年上			2018 年下			2019 年上			2019 年下			人均/餐
数量	人数	期数	经费	人数	期数	经费	人数	期数	经费	人数	期数	经费	
金额	750	15	2 000	960	16	3 120	845	13	3 640	868	14	3 920	3.7 元

在资金筹集方式上,当前各个学堂主要通过政府补助一点、社会赞助一点、村民自筹一点等方式加以分摊。通过这种分摊成本的方式,既维持了学堂的正常运营,也激发了社会参与的热情,增强了群众的参与感,实现了对社会事务的再组织。

3. 效果好,影响大。各地的乡村乐龄学堂成立以来,多数能定期组织老年人开展常识课、兴趣课和公益课,实现老年人的共餐、共学、共伴,为老年人提供一个获取知识、思想交流、展现自我的平台,逐步改善了留守老人的孤独状况,改变了老人的生活习惯,形成了新的生活方式,让他们活得快乐、健康、有尊严。逐步实现老有所学、老有所乐、老有所为,实现了老年教育服务精准扶贫。

通过开办乐龄学堂,基层自治组织找到了一种低成本、可持续的留守村民再组织方式,通过提供终身教育服务来推进治理,实现治理的共同参与,进一步增强了基层党组织的凝聚力和战斗力,增进了家庭邻里和睦,减少了陈规陋习,密切了干群关系,还为政府和外出创业子女减轻各种负担,间接为经济建设作贡献。

4. 小切口,大治理。党的二十大指出,拓宽基层各类群体有序参与基层治理渠道,保障人民依法管理基层公共事务和公益事业。在乐龄学堂,各类群体都有序参与,各取所需。各村党支部书记兼任学堂校长,发挥基层党组织服务群众的职能,领导社会事业的作用得到体现,把服务群众常态化、具体化;留守老人被组织起来,学习了新的知识和技能,得到了交流思想的平台,获得了展现自我和服务社会的机会,精神文化生活得到丰富,内在动力被激发,生命质量得到提高,生命尊严和价值得到体现;各类公共服务设施作用得到发挥,闲置的幸福院、乡村舞台重新充满生机和活力,村庄不再死气沉沉。外出人员可以更加放心地在外从事生产,对留守老人的生活质量更加有信心,对家乡的认同感和归属感增强。

乡村乐龄学堂通过终身教育这样一个小切口,引导更多的村民参与公共事务,积极参与村庄治理,关注乡村建设和绿色发展,关心道德建设,弘扬文明新风,积极献计献策,协调化解乡村社会矛盾,推动乡村社会团结与和谐,在实施乡村振兴战略中贡献力量,实现了对乡村老年人再组织这样一个大治理的目标。

四、福建乡村乐龄学堂的启示意义

(一)乡村再组织要坚持以人民为中心的发展思想。党的二十大报告指出,中国共产党领导人民打江山、守江山,守的是人民的心。在推进城镇化和工业化的过程中,面对"四大皆空"的乡村碎片化,各级党委政府一时无法提供有效的公共产品,满足留守老人的需求。反而是非法地下宗教、黑恶团伙、涉老欺诈集团等违法组织抓住这一机会,把势力伸向农村,带来一定的社会隐患,试图干涉我党在基层的影响力。福建乡村乐龄学堂的实践证明,开办学堂并不复杂艰难,只要各级党委政府、各基层组织坚持以人民为中心的发展思想,有一颗为老人所思所想的初心,就有能力开办乐龄学堂,就有办法办好乐龄学堂。要把乡村再组织起来,就必须按照党的二十大提出的"必须坚持在发展中保障和改善民生,鼓励共同奋斗创造美好生活,不断实现人民对美好生活的向往",坚持走群众路线,坚持以人民为中心的发展思想,通过解决群众急难愁盼的问题而获得群众的支持。

(二)基层党组织要在乡村再组织进程中起领导作用。党章中提出了党支部"担负组织群众、宣传群众、凝聚群众、服务群众"的内容,明确了基层党组织的职责。中国共产党领导的新民主主义革命取得胜利的经验之一是走农村包围城市的战略。如果党的基层组织不去占领广大的农村阵地,农村阵地自然就会被其他的势力占据,进而影响党的执政根基。在相当长的一段时间内,部分地区的村级党组织缺乏战斗力,导至宗族势力、黑恶团体、非法地下宗教、非法NGO组织(非政府组织)等势力渗透影响地方的政治经济生活,影响了农村政治经济秩序,人民群众的安全感、幸福感和获得感缺少,成为党在农村的方针政策贯彻和落实路上的绊脚石。

党的二十大报告指出,全面建设社会主义现代化国家,最艰巨最繁重的任务仍然在农村。要把党的领导落实到党和国家各领域各方面各环节,使党始终成为风雨来袭时全体人民最可靠的主心骨。新旧乡村秩序交替造成的乡村的碎片化,给乡村的留守老人带来了现实困难。在推进乡村再组织的进程中,基层党组织要牢记习近平总书记提出的"中国式现代化,是中国共产党领导的社会主义现代化"要求,积极作为,敢于斗争,善于组织群众,切实把群众凝聚到党组织的身边,巩固党在基层的执政基础,共同为实现乡村的现代化而努力。

(三)乡村再组织是消除碎片化及其影响的途径。从现实来看,乡村碎片化带来的影响是多方面的。经济的碎片化导致农村经济资源的价值被低估,参与市场竞争时经常处于劣势,"守着金山银山讨饭吃"成为常态。人员的碎片化导致部分地区滋生宗族、非法宗教和黑恶势力,党的基层组织在村庄的话语权受到影响。公共服务的碎片化导致服务效率低,成本高,而且需要更多的外界支持。家庭碎片化导致传统乡村社会伦理的破坏,家庭的各类成本增加,传统文化的保护传承被中断,活化利用更是遥遥无期。

因此,必须在基层党组织的领导下,消除碎片化,整合资源,凝聚民心盘活资源,活化乡村,挖掘潜力。其中首要的是人的再组织,把占在地人口绝大多数的老年人通过乐龄学堂等方式组织起来,把因为城镇化进程而碎片化的乡村社会关系重新整合,通过对留守人员的再组织,提高留守老人的生命质量,增强在地乡村的活力,加强对流动乡村的引导互动,建立对在地乡村的归属感和责任感,从而积极参与在地乡村公共事务,建立基于在地乡村和流动乡村良性互动的乡村治理机制,实现乡村真正振兴。

(四)要实现管理思维向治理思维的转变,寓治理于服务之中。党的二十大提出,要建设人人有责、人人尽责、人人享有的社会治理共同体。乡村治理的目的应该是凝聚人心,组织人群,恢复人气。因此,基层组织有必要从传统的单向的"管理"思维转变为多元的"治理"思维,寓治理于服务中,通过不断提供高质量的公共产品增强乡村的凝聚力,建立权责分明的乡村治理体系。从基层自治组织的工作重心来看,首要的是完成对留守人员的有效组织、服务和管理,充分激活在地乡村的活力,推动政治、经济、社会、生态、文化的五位一体的稳定发展。这样一来,就能让外出人员安心在外就业创业,利用外出创造的财富反哺家庭和家乡,实现良性互动和可持续循环。在这个过程中,需要注意的是防止基层行政权力过度介入而带来的治理缓冲地带的丢失。比如,随着推行村财乡管、村干部坐班制、财政补足村财等措施,作为村民自治组织的村两委行政化趋势明显,实际上已经被纳入科层管理体制之中,村干部其实把更多的精力放在了应对上级方面,缺少意愿和时间去主动组织群众、服务群众。

福建乡村乐龄学堂的实践证明,可以通过终身教育这样一个小的切口,把留守老人组织起来,通过完善公共服务,满足群众的急难愁盼问题,凝聚人心,共同参与乡村治理,完善党领导下的乡村治理体系,逐步解决乡村碎片化带来的各种问题,找到一条适合中国农村现实的乡村振兴之路,补足中国式现代化的最薄弱一环。

参考文献

[1] 习近平.高举中国特色社会主义伟大旗帜 为全面建设社会主义现代化国家而团结奋斗——在中国共产党第二十次全国代表大会上的报告(2022年10月16日)[R].人民出版社,2022.

[2] 鲍家伟.实施乡村建设行动需破解三大难题[J].乡村振兴,2022,(07):71-73.

[3] 任路.国家化、地方性与乡村治理结构内生性演化[J].华中师范大学学报(人文社会科学版),2021,60(01):24-33.

[4] 赵秀玲.中国农村养老保障与乡村治理现代化[J].求是学刊,2021,48(03):34-42.

[5] 张英洪.善治乡村——乡村治理现代化研究[M].中国农业出版社,2019.

面向新时期的党建创新研究

——以"虹梅庭"为例

杨宇潇

作者简介

杨宇潇,上海徐汇区人,出生于1992年2月。北京大学法学院2014级本科,2017年教育学院硕士毕业生,在校期间获得北京市三好学生、北京大学学生年度人物·2015、北京大学三好学生标兵、北京大学优秀学生干部等荣誉称号。毕业后选调至上海,现任上海市民族和宗教事务局二级主任科员。

摘 要:改革开放后,中国社会发生了结构性的变迁。社会结构的改变解构了单位制党建的社会基础,传统的单位制党建暴露出组织内部聚合能力下降、外部整合功能弱化的问题,区域化党建的概念应运而生。新世纪以来,创新区域化党建工作成为上海党建工作的重点,2014年提出的"建立多层次的区域化党建平台,在区县、街镇、村居层面进一步健全区域化党建组织网络"更体现出基层社会治理创新的核心思路。根据虹梅街道人群类型的特殊性,虹梅街道党工委经过多次调研与尝试实践,以需求为导向,打造了"虹梅庭"这一民办非企业单位,也成为虹梅街道党群工作品牌的延伸。我们试图通过对"虹梅庭"党建模式进行深入研究,总结出其创新点与亮点,以更好地推进上海基层党建的创新工作。本文第一部分介绍了"虹梅庭"的基本情况;第二部分探讨了"虹梅庭"诞生的历史背景;第三部分从案例实践入手,深入分析"虹梅庭"在区域化党建工作中取得现有成绩的原因,并在第四部分中总结提炼出"虹梅庭"的创新之处;第五、第六部分剖析了新生代的特点,对当下新生代党建工作做了探讨,并给出一定的意见与建议。

关键词:虹梅庭 党建创新 价值引领

一、"虹梅庭"简介

2017年9月,我们第一次来到虹梅庭。灵动的建筑线条,优美的室内设计,充满现代画风的介绍视频给我们留下了深刻的印象。介绍中说,这里经常组织许许多多有意思的党建活动,经常吸引很多人自愿报名参加。我们不由得好奇起来——党建这个词,在许多人听起来与自己无关。虹梅庭究竟有着怎样的"魔力",抓住80后、90后的心,让他们愿意在繁忙的工作中参与,在浮躁的氛围里沉淀?未来的虹梅庭,又将怎样发展,在凝聚人心、增强组织力的道路上熠熠生辉?

2013年,虹梅街道党工委在田林路140号越界创意园区内租赁下510平方米的独立场所,并将之命名为"虹梅庭",HONGMEI HOME意为"虹梅街道社区成员之家"。之后,开始着手建立富有美感的党建园地——简洁明快的设计风格,可以休憩、社交、阅读的党建场所,吸引在漕河泾新兴技术开发区工作的白领群体。2014年,虹梅庭理事会成立,2015年虹梅庭公益服务中心注册成为民办非企业单位。至此,作为虹梅街道党群工作的品牌,虹梅庭的内涵和外延都得到了深化和拓展。

虹梅庭成立以后,迅速整合了园区物业企业及周边居民区资源,将党建阵地"前移",以500米为最大半径,通过政府租赁、公共空间利用、企业空间共享等模式,建立了13个党群空间站点,使园区内各类各级党组织党员和职业群体都可以利用碎片化时间,就近参与各类活动。经过3年的发展,虹梅庭成为社区治理特别是园区治理的枢纽中心,也成为区域内社会组织的孵化中心。2014年至今,累计有近300家企业、社会组织或专业机构在园区和社区中实现文化需求、公益需求、成长需求等方面的对接,在为老服务、关爱未成年人、环保倡导、文明志愿、和谐邻里等领域开展合作,共举办近1 000场各类活动,参加人次达到近10万。同时,通过培育和引入,孵化和发展民间社会组织和本地白领草根社团。目前,虹梅庭引入社会组织、专业机构已达60家,孵化百人以上规模兴趣社团11个。

虹梅庭活动有四项基本元素:一是关心陌生人,打通社会关系冷漠化,建立陌生人环境下的互信和互助。二是关心共有环境,以公益生态绿色为主线。三是关心自身,实现自省、自助、自强。四是积极作为,鼓励年轻人不要坐而论道,从办公室、电脑旁走出来参与社会活动。以公益志愿项目为例,企业社会责任联盟成员单位现有200家,下属各类志愿者团队100余个,企业志愿者人数近6 000名,其中党员志愿者4 224名,培育常规性服务项目47个,发展了15个"社区伙伴"公益品牌项目,举办600余场志愿活动,参与和受服务人次达到8万,公益项目投入资金累计近2 000多万元。

二、"虹梅庭"创立背景

(一)把握"单位人"到"社会人"的时代脉动

新中国成立之后,为了谋求社会整合和推进现代化,同时确立和巩固党对国家的全面领导核心地位,延续了革命战争年代"支部建在连上"的党建原则,依托"单位社会"的特殊社会结构形态而建构,这塑造了我国单位制党建的模式。但是,这种高度的组织化并非是一种自发生成的、能够体现社会功能和个人自由相得益彰状态的"有机团结"形式,而是以党的组织系统为中枢的国家权力对社会生活强势接入的结果,是一种人为规划的"机械团结"。同时,单位的垂直属性也营造出一种个人归属于单位,单位服从于上级的闭合性管理系统。

改革开放之后,伴随着多元化资源分配机制的出现和资源获得可替代性的发展,中国社会发生了结构性的变迁。形态固化、主体单一、纵向垂直、相对封闭的"单位社会"逐渐向形态流动、主体多元、横向扁平、相对开放的"后单位社会"转变。社会结构的改变解构了单位制党建契合的社会基础,传统的单位制党建开始出现党组织内部聚合能力下降、外部整合功能弱化的现象,区域化党建的概念营运而生。

"单位社会"变迁所释放的自由活动空间,强调突破传统单位制党建的封闭性模式,将基层组织生长和活动的主要空间从封闭性的"单位"转向开放性的"区域"。在管辖区域内部,带动各大联盟生力军。以引领带动为目标,整合辖区资源,将辖区内基层党组织、文体队伍、非公企业、志愿服务队、学校医院等统一管理,成立各大联盟,让原本分散的社会力量形成合力,延伸区域化党建触角。以党建为引领,各大联盟为抓手,带动全辖区基层党组织、重点单位参与区域性党建、经济、社会、民生等服务,推进服务功能区域化,突破服务瓶颈,实现"多赢"。

(二) 跟随上海创新基层治理的风向引领

目前,上海经济社会快速转型发展,外来人口急剧增长,社会流动加快,利益结构分化,既有的城市管理体制面临前所未有的压力,特大城市社会治理迫切需要改革创新。

2004年,上海市出台《关于加强社区党建和社区建设工作意见》,提出了"社区党建全覆盖"的工作目标,并在全市推行"1+3"社区党建组织体制。2011年《关于进一步推进本市区域化党建工作的若干意见》提出要建立健全基层党组织领导的充满活力的社区共治机制。2014年,《关于进一步创新社会治理加强基层建设的意见》进而提出建立多层次的区域化党建平台,在区县、街镇、村居层面进一步健全区域化党建组织网络,开始重视通过区域化党建提高社区共治水平,体现出基层社会治理创新的核心思路。

(三) 引领开发"两新"群体归属需求

虹梅街道地处徐汇区西南部,是漕河泾新兴技术开发区核心区所在地,辖区内有各类企业近3 000家,员工约20万人,居民小区15个,常住人口4万多。随着"单位人"向"社会人"的转变和"两新"组织从业人员比例的不断扩大,如何做好广大职业群体的价值引领和行为规范,做好面向职业群体的社会治理,已经成为新时期加强党的建设、巩固党的执政基础必须面对的一项极富挑战性的课题。

漕河泾新兴技术开发区(以下简称"园区")作为上海重要的产业园区,聚集着大量的职业群体。他们大多从事脑力劳动或技术基础的体力劳动,主要靠工资及薪金谋生,一般受过良好教育,具有专业知识和较强的职业能力及相应的家庭消费能力,有一定的闲暇,追求生活质量,大多具有良好的公民、公德意识及相应修养。

面对这样的工作对象,党建工作必须在工作理念、机制、方式等方面实现突破,才能适应环境、解决问题,实现新的发展。通过社会化运作和专业方法介入,增强职业群体对党组织和区域的认同感和归属感,有效实践党对职业群体的价值引领,进一步夯实和扩大了党的执政基础。

三、"虹梅庭"的创新实践

虹梅街道是国家级开发区漕河泾新兴技术开发区的核心所在地,区域内有各类企业近3 000家,其中350余家都是高新技术企业,20万从业人员中大学以上学历占到85%,70%都是35岁以下的年轻人。"虹梅庭"的主要服务对象就是园区内聚集的职业群体和企业。

(一)兴趣是最好的老师——兴趣爱好类活动

虹梅庭通过调研发现,园区白领对诸如瑜伽、乒乓球等健身运动和手工、插花、摄影等文娱活动表现出较强的兴趣,具有很强的参与意愿,有超过80%的白领愿意拿出午休或晚上下班后的时间来参与园区内的兴趣爱好类活动。该类活动参与门槛低,获得感强,可以有效提高用户黏度,从而实现上述三个层次的路径的第一个层次的目标,即获得园区员工或企业对虹梅庭的感情认同。

虹梅庭在准确掌握了开发区群体的需求后,积极整合各方资源,在平日午休与下班时段举办针对白领的"有料"活动,让他们不只行走在"两点一线"上,而是利用碎片化的时间能够走出写字楼参与到园区举办的一系列活动中去。2013年8月,虹梅庭成立"虹学院",从满足白领丰富生活、提高素养和进行社会交往的需求出发,为他们创造优质的"生活圈",开设了精致生活、艺术人生、魅力女人、情感天地、爱心公益等30余项课程。截至2017年6月,虹学院累计注册学员5 500人,参与人次2万多。虹梅庭开始成功"圈粉"年轻人,在虹学院基础上,多个兴趣类白领社团成立起来,孵化了9个品牌工作室,70%以上课程从内容选择、师资来源、学员报名、学员管理、课件分享、社团成立到社团活动都实现了员工自主运行。

彩虹摄影社就是虹梅庭孵化的第一个由白领自我管理、自我运作的兴趣社团。先进半导体公司贺祎的兴趣爱好是摄影,与虹梅庭结缘是通过参加虹学院开始的,参加了几期摄影讲座后,他主动提出为摄影课找资源。他先找来"不收钱"的专业老师,后来又在虹梅庭QQ粉丝群里建起了群,热心解答大家的问题,之后又自己向虹梅庭递交了一份极为具体的社团章程与计划,申请成立彩虹摄影社。现如今,该社团已经与5家企业摄影俱乐部开展合作,吸收白领摄影爱好者加入其中,现有会员近100人。这支专业摄影志愿者队伍活跃在园区、企业各类大型活动中,策划并执行了社区金婚老人补拍结婚照等公益活动。由于彩虹摄影社的影响,现如今"虹梅庭"微信订阅号中经常会收到白领随手"街拍"的园区和社区变化照,大家通过相机的记录表达着对社区的认同。

Green园区员工低碳健身节是另一个虹梅庭从园区职业群体的兴趣需求出

发,整合协调园区资源,从而形成品牌效应的案例。2014年5月,虹梅庭在走访梅特勒-托利多公司时,了解到企业希望举办一次可以和其他企业交流、在区域有一定影响力的员工健身活动,便根据其企业文化及主营业务策划了集"绿色环保理念+低碳健身活动""微信秀选手""企业节能环保分享会"等于一身的Green园区员工低碳健身节,并邀请梅特勒-托利多公司参加"企业员工健康促进沙龙"活动。这一想法得到了捷普、腾讯、思科、贺利氏古莎、大计、通标、天祥等7家知名外企和民企的响应。活动一经推出,300个报名名额在3天内全部抢光,该活动在"虹梅庭"微信平台上的累计浏览量达到4 800余次。2015年,由于之前活动的良好反响,虹梅庭与徐汇区总工会、虹梅街道总工会联合开展了2015"绿动一夏"白领健身节活动,将工间操、体质监测、自行车骑行、健康跑、乒乓球、羽毛球、飞镖等项目形成系列活动,共同开展,发起企业也从14年的7家扩展至18家,形成了可观的区域影响力,也成为虹梅庭延续至今的品牌活动。

虹梅庭牵头举办的一系列兴趣爱好类活动,精准服务了园区白领对于发展兴趣爱好、丰富业余生活的需求;同时,通过整合资源,打通了企业间联合发起举办活动的壁垒,为园区白领进一步扩大交际圈提供了渠道,从而进一步满足了园区职业群体彼此间进行社会交往的需求。通过精准掌握并服务于园区白领对园区公共空间的硬性需求,虹梅庭扭转了体制外职业群体与园区党建疏离的趋势,有效破解了体制外职业群体在园区活动中缺少有效参与的问题。虹梅庭通过"自下而上"地挖掘需求,在活动中担任资源整合和平台搭建方的角色,促使这些白领凝聚在虹梅庭周围,逐渐形成了一种新的纽带和凝聚力,为虹梅庭进一步开展党建工作奠定了扎实的基础。

(二)赠人玫瑰,手有余香——公益志愿类活动

根据《漕河泾工业园区员工调查报告(2015—2017)》(以下简称《报告》)数据显示,目前虹梅庭活动中,公益志愿类活动占比23.6%,排名第二。而且园区内的企业员工中87.07%会主动参与、解决园区的问题;即便园区的公益项目不直接对自身有利,80.81%的员工也愿意贡献时间参与其中;还有59.75%的员工愿意为此付出金钱。从这些数据中可以看出,区域内员工具有较强的自我实现和社会认同需求,对公益活动认可度和参与积极性高。另外,对园区公司而言,将公益纳入企业文化已经成为越来越多大型公司的共识,在树立企业形象、建

设良性企业文化,提高员工荣誉感和归属感方面都有着显著作用。

正是基于园区内员工和企业的共同诉求,虹梅庭公益服务平台得以成立,涵盖春、夏、秋、冬四季的彩虹公益及"一米高度看上海"等特色公益项目,旨在鼓励有社会责任的企业和白领志愿者走进园区和社区,通过随手公益和身边的公益项目,参与社会治理。目前有100多支志愿者团队,其中党员志愿者4 224名,培育常规性服务项目47个。围绕为老服务、关爱未成年人、环保倡导、文明志愿、和谐邻里等领域,虹梅庭发展了15个"社区伙伴"公益品牌项目,举办600余场志愿活动,参与和受服务人次达到8万,公益项目投入资金累计近2 000多万元。

以"虹梅庭×星巴克、华鑫——美丽社区涂鸦活动"为例,虹梅庭作为有力后盾,联结了社区(邹家宅)与企业(星巴克、华鑫中心)各自的需求。作为"城中村"的邹家宅,自从2017年7月推进"城中村"改造工作以来,虹梅街道投入700万元资金,对其下水道、消防、地面等各方面进行全方位、大力度的硬件综合整治工作,但其居住氛围营造等软件配套缺乏,社区墙面仍是裸露水泥。而作为全球性企业,星巴克将每年4月作为自己的"全球服务月",旨在帮助困难群体、美化环境,推动星巴克员工的自我成长,塑造其"社区好邻居"的企业社会形象。共同参与此次活动的华鑫置业也是出于类似考虑,其青年志愿者服务团队"红鑫公社"积极参与社区服务,正是依托于虹梅庭进行对接。此外,参与设计和绘图的听障大学生和空间规划师,也可以利用此次机会,与星巴克等企业合作,进一步得到实习岗位并丰富简历。2018年虹梅庭着重依托"企社党建联盟"平台,继续推广"园区企业+居民小区+公益项目"的公益服务模式,在邹家宅此次"社区美妆"服务的基础上,继续拓展小区垃圾分类、小区微更新、亲子绘本馆、独居老人关爱等"园区企业进社区"活动,在虹梅街道13个居民区开展各具特色的社会治理与社区营造项目。

虹梅庭知名公益项目"一米高度看上海"也是类似。该项目原本只是入驻园区的泰科电子公司内部的一个公益活动,多以捐赠轮椅给敬老院这样的方式帮助有困难的群众,久而久之,不少员工觉得如此公益形式较单一,覆盖面也比较窄。虹梅庭得知这个情况后,主动当起了推广人,通过了解社区居民的诉求,精心策划了"一米高度看上海"的公益项目。"一米高度"的含义即人坐在轮椅上的高度。在志愿者的陪伴下,更多老年人、行动不便者、残障人士获得了出去看一看的机会。据统计,目前该项目已直接帮助到超过1 500位老年人、残障人士走出社区,"足迹"延伸到了外滩、中华艺术宫、东方明珠等。虹梅庭利用自身优势,挖掘企业公益活动需求,盘活志愿者、媒体、物业等资源,使得一个个公益项目的影响力日益扩大。

在契合区域内员工公益活动诉求的同时,虹梅庭还不止步于此,而是积极鼓励区域成员发起公共议题、参与公共事务。"创益24小时项目"借鉴了创客马拉松活动形式,把企业志愿者、社会组织、街道科室临时组建成了解决社区民生问题的研发小队,街道提出需求,企业志愿者担当智库,公益组织伙伴提供建议,研发小队完成一个公益活动的创新设计方案,随后用3个月时间实施和执行设计出来的创新公益产品。2014年以来,先后有3M中国研发、腾讯上海等企业志愿者团队参与,研发了银发关怀、白领职场加油站等改善社区民生的本土化公益,推动了"政府—企业—社会组织"良性互动。

虹梅庭为了更好地联结园区企业,旗下还成立了"企业社会责任联盟"平台,成员单位现有200家,下属各类志愿者团队100余个,企业志愿者人数近6 000名。上面案例中提到的星巴克就是联盟成员之一。随着这些平台的建立,虹梅庭通过丰富多彩的社区、园区共建活动,培养参与者对虹梅庭品牌活动的黏性,通过引导园区个体关注公共空间和公共议题,激发社会责任感,将公益志愿类服务做成了"企业乐意、员工暖心、百姓受惠"的良性循环。

(三) 寓教于乐——文化教育类活动

随着经济社会的发展,一方面,人们的物质和精神的消费观念已经呈现出不同步的发展趋势,精神方面的需求远远超过物质需求;人们的思想意识也随着时代的改变和教育的重视而呈现出多元化,人们对文化类别和品位也逐渐上升,需求的范围也从最初的文化范围延伸到了各项社会活动中。《报告》中不少受访白领都表示,企业日常活动以募捐、志愿活动、党组活动为主,希望在形式和内容上能有所创新,同时基于工作压力和对未来的职业发展的考虑,他们希望增加个人成长方面的培训。《报告》相关数据也显示,有意愿参加文化体验类活动的人数占总人数近六成,在所有类别里排第一,其中有参加讲座类和阅读类活动意愿的人数,又占文化体验类活动的58%。另一方面,群众的组织形式由过去的"单位人"为主变为现在的"社会人"为主,这种变化对党建工作有着很大的挑战。由于打破了传统计划经济条件下社会职业的稳定性结构,现在的职业群体,尤其是年轻职业群体岗位流动性强,经常在不同所有制、不同行业、不同地域之间频繁流动,而园区的企业员工群体作为新社会阶层,在这方面的表现尤为明显。所以在这种状态下,职业群体中的党员如何较为稳定地保持组织生活、接受党的教育,党组织如何有效地组织、聚拢这批党员,区域化党建结合创新党员教育形式给出了较为理想的答案。明确了服务对象与服务目标,虹梅庭与区域单位、社会组织合作共享,将人文内涵蕴含于共建项目中,赋党建活动、公益项目以文化气息,吸引了园区白领们的积极参与,从而引领价值观,最终实现区域化党建和社会治理的核心目标。

TELL公众演讲会是一个致力于研究和发展讲故事的技术和艺术的社会组织。通过定期举办演讲会,旨在把来自大众身边的领导者创新和改变的决心和实践的故事展示给世界。2016年,TELL的策划人姜涛通过一个演讲者的介绍第一次了解到虹梅庭,就被虹梅庭注重文化价值传播的理念所吸引,他感到虹梅庭的工作理念与TELL作为一个公益性社会组织所倡导的价值追求向契合。而当时的虹梅庭也在积极寻求引入专业的社会组织,去共建一些有人文内涵,可以满足园区白领对于提升自身文化、知识的需求的项目,于是双方一拍即合。通过双方的共同努力和对项目的创新设计,TELL+演讲项目在2016年底正式落户虹梅庭。目前的活动有TELL+历史和TELL+DREAM。TELL+历史采用30分钟舞台演讲的形式,从不同角度诠释历史的现实意义。TELL+历史的讲者并非专业的历史学者,他们来自不同行业,共同的特征是对历史的喜爱以及对某个阶段的历史有着深入的研究和洞见。TELL+DREAM则是在每年6月份举办7场主题系列演讲,意在借助18分钟的演讲形式,展示由漕河泾职业主体构建自身中国梦的故事,传递人生价值和变革者的精神。

2017年7月,建党96周年到来之际,虹梅庭发布了"我的1921—1949"红色党课实景游戏。为什么要取名"我的1921—1949"?对于这个问题,虹梅庭工作人员回答道:"这样做就是想让每个人在小游戏中了解党史,把自己带入这段党史中。"作为中国共产党的诞生地,在上海的近代史中,有许多的重大历史事件发生,虹梅庭结合上海徐汇,选择了7条地铁线路作为趣味党史课的一环。项目的设计者曹蕾说:"选择7条线路,第一个原因是7月1日是建党节,第二个原因是所有站点的选择都能和轨交站点串联在一起,形成时间和空间的交互,增加参与者的代入感。"第一个点选择的是黄陂南路站,对应1921年党的一大;第二个点南京西路站,对应1922年党的二大;第三个点虹口足球场,与这站相邻的是左翼作家联盟纪念馆和鲁迅故居……每个站点都对应和党史相关的重大事件或有重要纪念意义的地方。最后回到龙华路站,回到1949年的5月27日,这一天是上海解放的日子,同时,这一站也能去到龙华烈士陵园。

为加深参与者的历史代入感,虹梅庭结合7条地铁线路设计了一款线上线下结合的实景党课小程序——"我的1921—1949",让参与者可以更加真切地了解党的历史。只要关注虹梅庭微信公众号,进入小程序页面,填写好身份信息,就会看到这样一句话——"特派员同志,你终于来了,请妥善保存口令,这将是你以后和组织联系的唯一途径"。选择好路线后开始红色穿越之旅,去到包括一大会址、二大会址、四行仓库等在内的任务地点,行程中可以一边观察各个红色地标中的展品、展板内容名,一边完成答题。需要注意的是所有题目只有参与者亲自赶到现场才能完成,任务总共设置7个关卡,每完成一关,便会点亮党徽的一部分,完成所有任务后,党徽就会全部点亮。数据显示,仅"我的1921—1949"党课实景活动,辖区内所有党员累计学习党史时间就已超过42万个小时。

虹梅庭有一句座右铭:化价值观传播于无形,引党建工作于细微。就目前来看,虹梅庭的文化教育类活动应该是传播价值、开展党建的最优载体。社区治理需要政府、企业、社会组织等多元主体的共同参与,而共治主体的人文软实力则决定了社区的凝聚力;区域化党建需要更加开放和多样化,而通过与文化的有机团结才能实现党员教育的"入脑""入心"。

综上所述,虹梅庭开展的活动之所以能够引起园区白领的广泛参与和认同,源于虹梅庭准确掌握了园区职业群体的需求特征,并以三类活动作为实现白领需求诉求的载体,满足了园区白领对兴趣爱好、社会交往、自我提升、自我实现、社会认同等多层次多元化的需求。三类活动满足需求的侧重点是不同的,对于吸引和凝聚职业群体的作用也是不同的。兴趣爱好类活动,通过满足员工丰富业余生活、结交朋友和扩大社会交往等社会性需要,建立员工和企业对虹梅庭、虹梅街道和园区的情感纽带,形成情感认同,主要起到在初期为虹梅庭聚集人气和导流的作用。公益志愿类活动,通过丰富多彩的社区、园区共建活动,培养参与者对虹梅庭品牌活动的黏性,通过引导园区个体关注公共空间和公共议题,激发社会责任感,逐渐使虹梅庭成长为具有企业号召力和园区影响力的品牌。学习教育类活动,通过对园区员工和企业的文化内涵的提升和价值的引领从而构建"虹梅"独特的文化氛围,让这种文化氛围逐渐影响社区治理和区域化党建,并为其提供更为持久和坚韧的力量。

四、"虹梅庭"理论创新

虹梅庭将价值观引领作为区域化党建和社会治理的核心目标。为实现对职业群体的价值观引领,虹梅庭采取了分层次和有步骤的路径设计:首先,满足员工或企业个体的发展性需要(或称为社会性需要),促使员工或企业对虹梅庭、虹梅街道和园区产生情感上的认同;其次,设计具体的公共议题和社区活动,传递社会主义核心价值观的内涵,营造文明、和谐、诚信、友善的社区精神;最后,通过广泛的社会动员,引导员工或企业参加区域范围内的活动,感受正能量价值观,并成为社会主义核心价值观的实践者和传播者。而如何根据以上三个层次的路径设计具体的活动来让更多的园区企业员工参与其中,最终实现"虹梅庭"价值传播的功能,都需要从"人"的角度出发,也就是从园区员工的群体特征及内在需求出发,只有了解需求、解决问题,才能换来真心。

改革开放以来,不断推进的产业升级和城镇化进程使我国的经济转型和社会转型呈现"交织+互动+同步"的特征。在这一时代背景下,我国社会阶层出现新老演化,新的社会阶层应运而生。新阶层人士主要包括四类,即私营企业和外资企业管理技术人员、中介组织和社会组织从业人员、新媒体从业人员和自由职业人员,他们有着较为明显的群体特征:在经济地位上属于中等收入阶层;在职业构成上以知识性、技能型岗位为主,岗位变动频繁;在社会交往上"线下线上"交错,关系网络复杂,跨群体触发能力强;在政治立场上支持深化改革开放,政治参与意识和政治热情逐步加强;在价值观念上思想信仰具有多元性,但普遍认识到知识文化的价值。

园区内大部分企业员工就是新社会阶层的典型代表。他们大多数从事设计师、研究员、工程师、数据分析师、创客等职业,都受过良好的教育,具有专业知识和较强的职业能力及相应的家庭消费能力;有一定的闲暇,追求生活治理,对其劳动、工作对象一般也拥有一定的管理权和支配权。同时,他们大多具有良好的公民意识及相应修养。虹梅街道党工委与华东理工大学社会工作与社会政策研究院合作完成的《报告》显示,这一职业群体,既追求经济利益,又有着强烈的社会性需求,即在满足自身经济物质基础之上,普遍具有融入当地社会、参与社会生活、获得身份认同的需求。由于开发区员工的收入水平普遍处于中上等,根据马斯洛需求层次理论,相比生存、健康等基本需求,开发区员工对公共社交、获取尊重、自我实现等更高级的需求强烈。基于此种分析,虹梅庭将工作和活动项目大致分为兴趣爱好、公益志愿、文化教育三大类。这三类项目的运作方式、动员模式、参与特征各有差别,但基本和上述实现"虹梅庭"价值引领目标的三个层次的路径相吻合。虹梅庭通过分类别的管理,对内容相近、形式相似的项目,不断总结其中的管理运作特点和规律,提高项目运作的专业化水平,从而提高园区企业员工的认可度和参与度,并最终实现价值引领。

虹梅庭依托区域化党建,探索了社区党建和园区治理有机融合、有效嵌入的工作模式,培育党建社会化平台,建立党群一体化运行机制,构建园区治理网络,以需求为主导,充分调动、整合和转化各类各级党群资源和社会力量,通过多元主体主导、共治项目先导、社会组织引导的工作机制,建立园区党建服务体系,从而夯实基层党的建设和社会建设。具体体现在以下几方面。

(一)强化组织枢纽功能,统筹多元主体力量

在区域化党建促进会分会基础上建立虹梅庭理事会,理事和监事皆由区域内具有影响力、公信力、代表性的园区行政负责人、大院大所大企党委负责人、非公企业高管、"两新"党工组织负责人以及社会组织负责人等组成。虹梅庭扎根区域,服务于本地化需求和服务对象,其实体化、开放化的运作模式、非行政化的社会组织身份和注重成员单位多元主体作用发挥的特征,使其逐步树立了本地化枢纽的地位,有效地将多元主体、各种利益诉求统筹起来,打破了区域内不同性质、不同类别单位和组织之间的区隔,推动信息和资源在区域内的配置和优化。

(二)优化区域党建平台,扩大园区治理覆盖

在原有组织覆盖和工作覆盖的基础上,提升工作的有效性。一是将规模以上"两新"党组织或组织关系隶属不在本街道、但与区域发展和社会建设相关的企业或单位党组织吸纳进区域党建促进会虹梅分会,提升街道党工委动员整合社会资源的能力;二是将原先以党建联席会议为主的议事和会议制度,改为以园区业主、国有企事业、外资、民营、政府服务、社会组织等8个议事小组,每月按需确定会议主题或议题,开展沙龙或议事会,完善党建引领的协商共议机制;

三是分层分类地培育园区楼宇党建联合会、企业社会责任联盟、漕开发众创空间联盟、企社党建联盟等以共治项目为载体的子平台,推动区域化党建资源向居民区、园区延伸,健全"街道—园区—社区"工作网络,共商共议园区和社区公共事务,在党建引领下实现政府、企业、社会组织跨界合作。

(三)构建多维社会网络,推动"两新"党建和园区治理有机融合

通过基层党建"两个覆盖"和园区治理网络的建构有机融合,实现非公党建的"全覆盖",提升园区企业、白领的公共意识,让党建空间有温度,让公共空间有党建。在物理空间上,布局网络化党建公告空间,建立14个党群空间站点,使园区内各类各级党组织党员和职业群体可以利用碎片化时间,就近参与各类活动,实现了"园区社区化"。在虚拟空间上,通过公众微信号打造了"O2O"信息化平台,形成具有区域服务特色的"党群组织服务、政府公共服务、社会组织服务、企业社会服务"资源库,实现服务项目个性化定制、服务项目在线预约、服务项目即时交互的线下参与和线上互动模式。在心理空间上,从"两新"组织党员和园区职业群体社会性需求出发,开展"随手公益"的志愿服务项目,为其融入当地社会,参与社会生活提供渠道和平台,提升组织归属和社会认同。

(四)坚持价值引领,加强思想渗透

坚持社会主义核心价值观引领,将社会工作方式运用于党建工作和园区治理。坚持以人为本的工作理念,将社会工作专业的平等、尊重、自决的观念落实到每个活动项目之中,避免"自上而下进行任务布置"的工作方式。特别是在活动安排中注重思想引领和高参与度、高传播性相结合,有计划地布局各类活动的比例,利用活动凝聚党员和员工、拓展群众基础、增强平台的覆盖面和本地的关联度。

五、新生代的特征与需求

根据《报告》中的数据显示,2015年至2017年间,"虹梅庭"的品牌知晓率有了显著提高。受访者中知道虹梅庭的人从25.8%上升至69.4%,参加过虹梅庭活动的人从不到20%,上升至34.83%。同时95%以上参与过虹梅庭活动的员工认为很有或较有收获,认为活动使他们扩展了视野、认识了朋友、奉献了社会。他们认为与以往活动相比,虹梅庭的活动首先是贴近生活、有趣有益,同时形式新颖、能够促进自我提升。应当看到,目前虹梅庭所取得的成绩,正是由于准确地把握住了园区企业职工群体的特征和需求,通过创新思维引入专业社会工作理念和方法,提升工作的专业化水平,最终实现引领价值观的核心目标。在新时代背景下,虹梅庭要继续发展其作为区域化党建平台和区域基层社会治理的枢纽载体的功能定位,不断面向新群体、发掘新需求,实现基层区域化党建和社会治理实践的现代化。

根据 2016 年国家人口普查数据显示,90 后人口数量高达 1.74 亿。据联合国《2015 年全球人口发展报告》统计,"90 后在 2015 年末占 15—60 岁劳动人口的比重高达 22.7%,且未来呈现上升趋势直至 30% 以上"。90 后正逐渐成为劳动人口的主要构成部分,同时也是社会消费、文化传播的主力军。"一个政党要赢得未来,就一定要赢得青年。"近年来,青年党员数量和比例逐年递增,青年党员的作用也越来越明显。相对而言,基层党建的活动方式则呈现出老、旧、乏的特点,较难吸引青年群体的目光,缺乏年轻血液的注入。基层党建要提高对青年群体的吸引力,首先要了解该群体的特点和需求。

90 后出生于改革开放初见成效期,成长在信息飞速发展的年代中,他们相对开放包容、渴望变化,关注公共事务,有强烈的发声意识,网络化生存特点明显,呈现出独特的思想特征。

90 后的成长环境相比 60 后、70 后、80 后有较大不同,导致其行为模式、消费观念以及思想理念与前辈们也有较大差异,同时表现出了一定的共性。为更好地深入了解 90 后的需求、兴趣、特征,我们对 30 名刚刚踏入工作岗位一两年的 90 后做了深入访问(其中男性 15 名,女性 15 名;中共党员 17 名,非党员 13 名;工作单位包含外企 10 家,国有企业 6 家,民营企业 12 家,事业单位 2 家;详见表1),并对 90 后归纳出 6 个特征标签。

表 1　90 后访问对象基本情况

序号	姓名(代称)	性别	年龄	职业	工作性质	政治面貌
01	Bill	男	25	部门经理	外企	中共党员
02	玫瑰	女	25	金融分析师	民营	群众
03	月月	女	26	市场部职员	外企	中共党员
04	一帆	男	27	新闻工作者	事业单位	中共党员
05	芊芊	女	28	市场部职员	民营	中共党员

(续表)

序号	姓名(代称)	性别	年龄	职业	工作性质	政治面貌
06	Lin	男	26	金融分析师	民营	群众
07	Fifi	女	26	人力资源	国企	中共党员
08	小蒋	男	25	建筑设计师	民营	群众
09	蛋蛋	男	26	算法工程师	民营	群众
10	Chris	女	28	人力资源	外企	中共党员
11	CC	男	26	产品策划	民营	群众
12	JC	男	25	产品经理	外企	中共党员
13	Jessie	女	26	产品策划	外企	群众
14	阳阳	男	26	程序员	外企	群众
15	黄鱼	男	27	审计	外企	群众
16	糖糖	女	27	办公室文员	事业单位	群众
17	秀	女	25	媒体策划	国企	群众
18	Klaus	男	27	项目分析师	国企	群众
19	Bruce	男	26	数据分析师	国企	中共党员
20	粥粥	女	25	助理律师	民营	中共党员
21	慧子	女	25	数据分析师	外企	群众
22	老邓	男	26	审计	外企	群众
23	佳妮	女	26	市场运营	民营	群众
24	Doris	女	25	培训师	民营	中共党员
25	娜娜	女	24	产品经理	民营	中共党员
26	寒寒	男	25	金融分析师	国企	中共党员
27	昊昊	男	27	项目经理	国企	中共党员
28	悦悦	女	27	项目经理	民营	中共党员
29	东东	男	28	审计	外企	中共党员
30	静静	女	26	品牌策划	民营	中共党员

（一）追求物质品质、精神需求层次提升

90后生长在一个物质大爆发的年代,优越的成长环境以及全球化的进程使得90后更早、更快地接触到了更广阔的世界。尽管房价的增速使刚刚步入社会不久的90后对其望而却步,但"即使租房也不能降低生活品质"的观念仍是90后的主流。刚进入外企工作一年的月月说道:"租的房子虽然没有所有权,但是也是一个家,我每天要做的事情就是点开网易严选看看有没有什么好买的家居用品。"据58同城房产研究中心调查显示,"无论北上广等一线城市还是其他城市,90后毕业生最关心的问题是舒适的居住环境,租金、交通和室友均位于舒适的居住环境之后"。

90后对基本生活需求的追求也趋于极致。"上周我在代购那里看上了一双合作款运动鞋,虽然我知道又要吃土了,但我还是下手了,超期待!"黄鱼激动地展示着他钟爱的那双鞋。正如他所说的,90后的消费观已经由"吃得饱,穿得暖"慢慢演变为"吃得好、拍得漂亮;穿得个性、穿得潮",在基本生活需求方面,90后可以花费他们大部分的收入,只为满足对生活品质的追求。

他们开始追求尊重、追求自我价值实现等更高层次的精神需求。他们重视人格平等,排斥纵向的、命令式的、强制性的人际交往关系,在沟通上倾向平等、横向的沟通方式。

(二)个性差异明显、自我个体意识苏醒

90后青年群体自我表现欲强、渴求与众不同。他们的价值观也更加独立、多元,不需要追求成为外界认同的"好孩子",而要做"自己",呈现较强的自我个体意识。

相对于80后,90后的审美观发生了转变,其中,对个性化、差异化的追求是90后显著的特点。对于他们来说,衣食住行早已超出了日常必需品这个范畴,成为用来展现个性的最佳方式。除此之外,在90后眼中,他们常常认为自己有着独特的个性与独立的人格,很难轻易接受洗脑式的言论,也造就了他们对于个性化语言的情有独钟。"我之前会看奇葩说、吐槽大会这类脱口秀,他们很多人都很有个性啊,而且很有自己的想法",芊芊是一位互联网公司的市场部职员,她下班后会花3个小时以上观看一些脱口秀节目,刷一刷微博上的段子,第二天还会和公司里的同事讨论这些话题。

(三)懒人生活

90后从童年起就开始接触电脑,对互联网的使用频率高于其他年龄阶段。2014年百度大数据发布的《百度90后洞察报告》显示:"60.5%的90后使用移动端上网,90后的平均网龄为7.53年,日均上网时间为11.45小时,每人平均关注 24 个吧"。90 后作为互联网的新生代,接收信息多元化,价值观多元化,对新兴事物的接受能力也比其他年龄层更强。

相对丰厚的物质条件、便捷高效的互联网环境、追求简单快捷的个性等因素造就了 90 后的"宅"属性。"双休日的时间,大部分就在家里,睡觉、刷刷手机,饿了就点个外卖啊;除非是要和女朋友约会,会出门看个电影",蛋蛋表示他和他的"码农"朋友们不上班的时间就喜欢窝在家里。据调查研究显示,90 后休闲娱乐方式排在首位的就是"宅家上网",窝在家里听音乐、看视频、睡觉成为 90 后度过假期时光的首选。

"我觉得党课可以放在网络上,因为我不想花费整个中午或者晚上的时间,毕竟工作一天还是很累的。"Bill 是 2010 年入党的,工作之后参加支部生活的频率逐渐减少,他提出希望能够借助互联网的方式,利用碎片化的时间进行网络党课的学习。

(四)娱乐至上

"最近在看《创造 101》啊,很放松,我就是觉得下了班把电视开在那里,然后可以同时做其他的事情,纯粹消遣。"Lin 是金融行业的项目分析师,每天 10 点上班,下班的时间无下限,对于他而言,看综艺只是作为对紧绷了一天的神经的一种放松、一种娱乐。

在后现代主义与虚无主义的笼罩下,人们越来越倾向于"人生苦短、及时行乐"的生活观,能够踏实活好每一天似乎成为每个人的最低保障。90 后就是在这样的时代中成长起来的,他们热爱娱乐,内容涵盖娱乐圈、体育、游戏等等,有超强的娱乐需求和娱乐能力。一方面他们在娱乐方面非常舍得花钱;另一方面,生活里的方方面面都可以纳入他们的娱乐范畴,可以是对娱乐明星的八卦,可以是对社会现象的吐槽,甚至对自己生活的搞怪。

90 后青年群体的兴趣点呈现出趣味性较强的特征,参与活动与否的判断标准是活动是否有趣。

(五)寻求自我价值

绝大多数 90 后都为独生子女,相比于 60、70 后而言,90 后对于家庭的依赖感与归属感相对较弱,因此,90 后一直在通过寻求自我价值而确立自我存在,从而在他人眼中寻求一席之地,找到自我价值的归属感。

90 后青年群体更加重视人本化,他们在自律守纪、同情弱小、自我负责等方面有明显进步,对于公益活动参与程度非常高,更加热心公益事业。

"我最近参与了一项关爱孤独症儿童的活动,每周我都会去做志愿者,我觉得我帮助到他们的同时,也体现了我的价值。"玫瑰是一个经常参与公益活动的90后女孩,她承认在做公益的过程中,除了从帮助别人的过程中得到快乐之外,更多的是感到了自己对另一个群体的价值与意义。

(六)有自身独立的价值体系

作为互联网一代,经历了信息爆炸和社交扁平化的过程,90后青年群体不再迷信权威,对说教式的传统宣传方式尤为抵触,他们心中也有着一套自身独立的价值体系。

当今世界是一个开放的世界,各种思潮激荡,人们的思想观念多元化、多样化。在众多思潮影响下,马克思主义怎样展现其科学性、真理性,尤其面对思想活跃、喜欢尝试新事物的90后,怎样使他们认同马克思主义、坚定中国特色社会主义共同理想,确立正确的世界观、人生观、价值观是一个难题,培养青年人的马克思主义认同面临着极大的挑战。

六、面向新生代的虹梅庭

根据采访结果,结合虹梅街道与虹梅庭的实际情况,我们给出了一些具体的活动想法。

(一)创建园区90后兴趣清单,根据需求定内容

搜罗90后感兴趣的话题,将园区青年的"兴趣清单"集中展示在人流较大的广场上,让来往的青年以点赞的方式主动选择心仪的活动和服务方式,并根据实际统计情况确定活动主题内容。

(二)利用碎片化时间,让"党课"活起来

打造"微党课"的理念,抓住青年人的碎片时间。一堂党课仅设置5—15分钟,内容通俗易懂、把握重点,利用名人效应,邀请高校教授进行演讲,在年轻人中形成一定的影响力。同时,通过微信、喜马拉雅FM等平台进行推送、播放。

(三)营造公益导向的团队活动

成立"守护Angel联盟",邀请园区内90后入驻社区和学校,为学龄前儿童和小学生开设生理健康小课堂,创立"一对一成长计划",与一些外来务工子女进行定期沟通与交流,让90后的哥哥姐姐们解答成长过程中的烦恼。

（四）建立工作生活均衡的平台

对于园区白领而言，他们大部分社交时间放在了职场，工作环境高压、节奏紧张，个人交友范围狭窄。90后群体逐渐成为婚恋市场主力军，交友婚恋需求较大。紧抓90后群体的交友需求，联合"珍爱网"等婚恋相亲服务平台，举办"交友联谊会"等活动，积极服务青年婚恋交友需求，以党建优势促成园区未婚青年结缘，同时引导青年树立正确的婚恋观、家庭观、人生观。

（五）运用时尚、个性化的手段，做出党建美感

对党建活动空间进行布置时，既要彰显党建主题，又要注重营造年轻人个性化的需求。在园区中，可以征集对"越界虹梅庭党建空间"的设计方案，可以是区域规划，也可以是局部家居设计，在空间中加入年轻人喜闻乐见的具有亲切感的元素，运用时下的流行段子、个性化的传播手段来传播党的声音，让90后感受到参与党建活动是一件"很潮、很酷"的事情。

党建工作应结合青年现状，把握青年的脉搏，与时俱进，与年轻人共舞，了解他们、尊重他们、走向他们，用时代化、有趣化、落地化的方式去开拓他们的思想阵地。

基层治理现代化视域下农村信访工作的实践调研

郭柏宏

> **作者简介**
>
> 郭柏宏，山东曲阜人，出生于1993年7月，北京大学化学生物学与生物技术学院2020届博士毕业生，在校期间获得北京大学三好学生、优秀科研奖和优秀团员等荣誉称号。毕业后选调至安徽，现任合肥市发改委二级主任科员，曾在肥东县石塘镇红光社区任党总支书记、村委会主任。

摘　要：在国家乡村振兴战略推动下，基层治理体系和治理能力现代化进程加速，与此同时，受城镇化、信息化的冲击，基层治理中的信访难题趋于高发、多发，并且呈现复杂化、多样化的特点。本文以安徽省合肥市石塘镇信访工作实践为例，借鉴新时代"枫桥经验"，全面总结"五大"先进做法，深入剖析农村信访问题与基层治理短板，有针对性地从党建嵌入、法治规范、要素保障、作风优化以及协同共进等五个方面提出意见建议，以提升农村信访工作实效，推动基层治理现代化。

关键词：基层治理；信访工作；新时代"枫桥经验"

习近平总书记指出，信访是送上门来的群众工作，既可以消气，也可以通气，关键是要通过信访渠道摸清群众愿望和诉求，找到工作差距和不足，举一反三，加以改进，更好为群众服务。

党的十九届六中全会首次把"坚持和发展新时代'枫桥经验'，坚持系统治理、依法治理、综合治理、源头治理，完善信访制度，健全社会矛盾纠纷多元预防调处化解综合机制"写入党的重大决议,彰显了信访制度在中国特色社会主义制度体系中不可或缺的重要地位。决议提出推动社会治理体系不断完善。突出城乡社区在社会治理中的基础作用,健全党组织领导的自治、法治、德治相结合的城乡基层治理体系,推动社会治理重心向基层下移,切实向基层放权赋能,建设人人有责、人人尽责、人人享有的社会治理共同体。

一、新时代信访工作概述

信访工作是党的群众工作的重要组成部分,我们党历来重视信访工作,注重从制度上规范和保障信访工作开展。2022年2月25日,中共中央、国务院印发《信访工作条例》,自2022年5月1日起施行。《信访工作条例》以习近平新时代中国特色社会主义思想为指导,深入贯彻习近平总书记关于加强和改进人民信访工作的重要思想,坚持和加强党对信访工作的全面领导,规范信访工作体制机制,优化信访事项处理程序,构建完善信访工作监督体系,是新时代信访制度改革的标志性成果,为新时代推动信访工作高质量发展提供了制度保障。

基层信访工作是规范镇村社会秩序、实现治理有效、推动乡村振兴的基石,必须坚持发展新时代"枫桥经验"。新时代"枫桥经验"是以人民为中心的共建、共治、共享的基层社会治理经验,强调自治、法治、德治"三治"融合,其基本做法是发动和依靠群众化解人民内部矛盾[1,2]。运用新时代"枫桥经验"多元治理理念,采用多元主体、多元方式、多元机制去应对治理结构单一的问题,深度契合《信访工作条例》对新时代信访工作格局作出的新界定,即"构建党委统一领导、政府组织落实、信访工作联席会议协调、信访部门推动、各方齐抓共管的信访工作格局"。

二、石塘镇信访工作实践调研

(一)石塘镇概况

石塘镇位于肥东县中部,属安徽省域中点、江淮流域分界,是合肥衔接长三角的东部门户。镇域面积124平方千米,户籍人口7.2万人,辖17个社区。有合宁、合芜两个高速道口,沿S326省道驱车15千米可达城关镇店埠。

石塘镇积极响应乡村振兴战略,借助区位与交通优势,依托可塑的生态资源和国土空间,协同肥东县打造大富美强的现代化东部新城,加快转型,加速

"融城"。2021年,全镇固定资产投资6.2亿元,同比增长49.0%;税收收入2.99亿元,同比增长24.3%;农村常住居民人均可支配收入30 900元,同比增长10.9%。17个社区集体经济收入全部超50万元,村均收入达60万元。根据《安徽省政府工作报告》《肥东统计月报》,2017年以来,石塘镇固定资产投资增长率高于全省平均水平,全力推进农村基础设施建设、农村人居环境整治以及各项支农惠农服务落地(图1);全镇常住居民人均可支配收入持续增长,绝对值远超全省农村平均水平,城乡收入差距呈稳步缩小趋势,五年平均增长率高出全省农村常住居民1.7%,高出全省城镇常住居民3.0%,稳保富民增收(图2)。

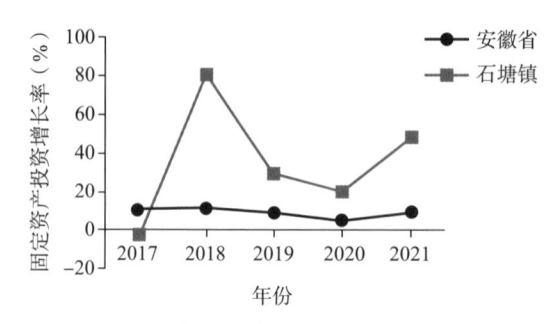

图1 2017—2021年石塘镇与安徽省固定资产投资增长率

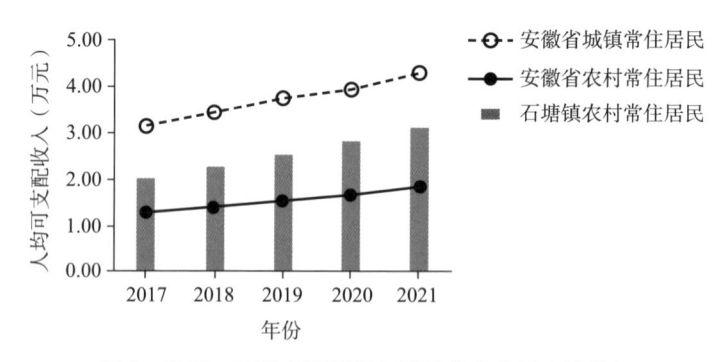

图2 2017—2021年石塘镇与安徽省人均可支配收入

(二)石塘镇信访工作概况

1. 组织架构

石塘镇成立信访工作领导组,镇党委政府主要负责人任组长,党政领导班子任副组长,镇级办站所负责人与各村书记为成员。设信访办公室,负责信访接待、社会矛盾纠纷排查调处、重大事项社会稳定风险评估工作,专职人员4人;设主任1人,由镇政法委书记分管领导。

2022年5月,根据经济发达镇行政管理体制改革综合机构设置方案,信访办与综治中心整合提升为社会治理中心,并与辖区派出所、司法所等部门连接形成信访工作网络,协调开展社会综合治理与平安创建工作,推进全面依法治镇。

2. 机制方案

石塘镇党委、政府高度重视信访工作,严格按照巡查受理、分流派单、集中处置、跟踪督办、回访问效流程受理信访事项,最大限度做到矛盾不上交、信访不上行,切实把信访制度优势转化为解决信访问题、化解突出矛盾的社会治理效能(图3)。

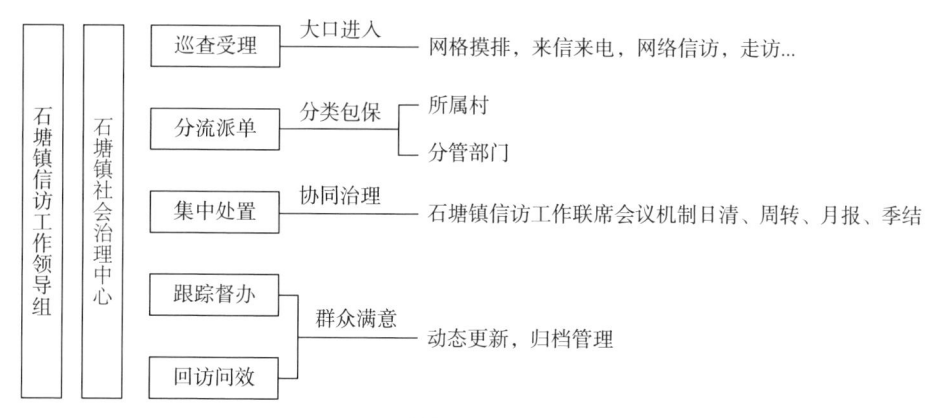

图3 石塘镇信访事项受理流程

一是大口进入。按照"属地管理、分级负责"的原则,落实镇村主体责任,把方向、管大局、作决策、抓落实。保障信访多渠道、不打烊服务,问题无差别、同标准受理,维护群众合法权益,服务改革发展稳定大局,全面提升新时代信访工作水平。

二是分类包保。按照"谁主管、谁负责"的原则,细化包保、分析研判、分类施策。围绕涉农纠纷、拆迁安置、道路交通等热点难点问题,加强对下指导,督促所属村和责任部门依法及时就地解决群众合理诉求。实行"六包"机制,即包接待、包协调、包督办、包落实、包稳控、包劝返。

三是协同治理。根据《信访工作条例》,建立石塘镇信访工作联席会议机制,负责统筹协调、整体推进、督促落实各方齐抓共管,推广第三方社会力量参与化解信访问题,探索社会矛盾纠纷多元预防调处化解机制。制定"日清、周转、月报、季结"的工作要求,确保责任清、事实清、数据清。

四是群众满意。以"总量下降、结构趋优、秩序良好、群众满意"为目标,主动倾听群众呼声,积极回应群众关切,切实维护群众权益。探索实践"四最"改革,即"最多投一次、最多跑一地、最多交一回、最后访一回";开展"四下基层"工作,即"信访接待下基层、现场办公下基层、调查研究下基层、宣传党的方针政策下基层",打通服务群众"最后一公里"。落实纠纷调解回访调查,提升群众满意度,着力提高信访办理质效。

(三) 石塘镇群众信访事项分析

1. 信访频次分析

新时代我国经济由高速增长阶段转向高质量发展阶段,随着社会转型和全面深化改革,利益格局破立并举,加之群众权利意识、公平意识、民主意识、法治意识不断增强,矛盾纠纷趋于高发、多发,并且呈现复杂化、多样化的特点。石塘镇地处省会周边,农村城镇化进程迅猛,各种社会现象相互碰头叠加产生放大效应,使得基层信访工作面临前所未有的变局。调研分析石塘镇信访事项,数据显示,全镇信访总量呈增长态势,从2017年的265件增加至2021年的784件,五年间信访总量年均增长率为39.2%(图4)。

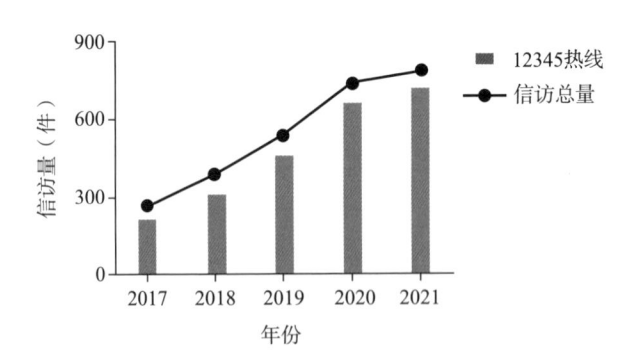

图4 石塘镇2017—2021年信访总量以及12345热线受理量

表1 石塘镇2017—2021年走访及网络信访情况

年份	走访					网络信访			
	中央	省级	市级	县级	镇级	中央	省级	市级	县级
2017	0	0	2	14	44	0	0	0	44
2018	5	3	1	21	52	0	0	0	52

(续表)

年份	走访					网络信访			
	中央	省级	市级	县级	镇级	中央	省级	市级	县级
2019	0	1	2	7	54	8	14	0	54
2020	1	1	1	15	54	2	8	1	54
2021	0	1	4	4	45	6	9	2	45

便捷化、智能化工具的涌现创造了更加便利的信访条件，中央、省、市、县等各级网上信访系统和综治维稳平台的开通建设取得良好成效。当前石塘镇信访受理渠道主要包括12345热线、网络信访与走访三种形式，其中12345热线使用最为广泛。近五年12345热线接访量占信访总量的85.8%（图4，表1）。

2. 信访事项分类

习近平总书记在党的十九大报告中指出，我国社会主要矛盾已经转化为人民日益增长的美好生活需要和不平衡不充分的发展之间的矛盾。社会主要矛盾的变化衍生出信访新趋势，人民群众的诉求和期盼所涉及的领域日益扩大。

调研分析石塘镇2022年（截至9月23日）信访事项，共受理群众信访总量799件，平均每日接访约3件。其中来电696件；进京走访1批次，网络信访至中央3批次；去省走访1批次，网络信访至省级平台11批次；去市走访2批次，网络信访至市级平台3批次；去县走访17批次，网络信访至县级平台6批次；来镇走访53批次，县委、县政府领导接访下访6批次。由于合肥现代智慧物流园建设、浮槎山文旅开发以及镇内道路拓宽改造等工程项目进入攻坚阶段，美丽乡村建设与土地增减挂钩推进力度继续加大，持续高温干旱天气造成农业生产用水告急，使得2022年部分重点领域信访形势较为严峻，与往年同期相比信访总量有较大幅度增加。具体分析石塘镇2022年的799件信访案例，反映出基层经济利益矛盾仍然突出、民生矛盾趋于尖锐，信访事由主要集中于疫情防控、拆迁安置、道路交通、劳动权益、农业生产、民政救助与干群矛盾等领域（图5）。

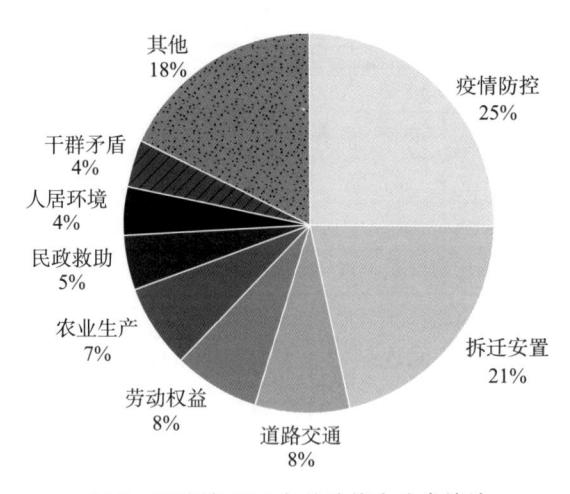

图 5　石塘镇 2022 年信访缘由分类统计

三、石塘镇信访工作创新实践

（一）"大党建"体系统揽全局

办好中国的事情,关键在党。坚持党的全面领导,是做好信访工作的最高原则、最大优势,也是信访工作政治性的鲜明体现。实现乡村有效治理,关键在党。将党建引领内嵌于乡村治理的各环节、全过程,强化基层党组织领导核心地位,切实发挥基层党组织作为群众利益表达主渠道和主心骨的作用。

1. 织密网格,拉近服务零距离

"治未病"是新时代"枫桥经验"的核心,信访工作应当重视对未发生的或者处在萌芽期的信访矛盾纠纷进行预防。石塘镇坚持"一张网格管全域"理念,优化基层治理网格化服务,全面推行科学定格、按格定人、逐层定责、流程定向,细化设置 205 个网格、990 个微网格,推选网格长 205 名、网格员 990 名,使网格化治理做到镇不漏村、村不漏组、组不漏户、户不漏人,形成"横到边、纵到底、无死角、无缝隙"的严密网格化"四联防控"体系(图6)。充分发挥网格员熟悉地形、掌握村情、知晓民情的工作优势,定期组织网格员开展巡查,及时接收汇总群众诉求。深化"网格吹哨,大队报到""大队吹哨,部门报到"预警机制,做到问题在网格中发现、信息在网格中采集、服务在网格中开展、矛盾在网格中调解。

石塘镇网格治理强调会　　　　　　　微网格板凳会

图6　石塘镇党建引领乡村网格治理

2. 评议信用,激发文明内生力

信用体系构建是乡村治理的有效抓手,石塘镇以红光社区为党建引领信用村建设试点,开辟"信用+信访"新路径。信用村建设除采集农户基础信息外,还要求村内组织专班从孝敬老人、家庭教育、兄弟姐妹关系、邻里关系、热心公益、支持村"两委"工作、移风易俗以及摈弃陋习恶习等八个方面对农户进行乡风文明评议,按照客观公正、实事求是的原则评定信用等级,并将失信以及缠访、闹访、越级访等非法信访纳入一票否决负面清单。对失信失德、非法信访、评分较低的农户,由镇村党组织加强教育引导,结对帮扶,促其改正提升。强化乡风文明评议结果运用,建立"红黑榜",激励先进,鞭策后进,助推文明新风尚。

3. 红色赋能,搭建治理微阵地

石塘镇在红光社区建成首个党建微阵地"红色微光"项目,追溯本村红色历史,挖掘本土红色文化,使得红色血脉有融入、红色基因有传承,聘请五老乡贤为"红光讲师",把基层一线打造为党史学习教育的前沿阵地(图7)。以党建微阵地建设运行为基础,整合党代表工作室、人大代表联络站、新时代文明实践站、乡贤调解室、心理咨询室等平台,延伸综合治理触角,收集冒着热气的村情民意,提供接了地气的意见建议,做到理想信念、法治观念教育在"门前",矛盾纠纷察觉在"事前",风险隐患调解在"访前"。

(二)"大综治"格局维稳促安

石塘镇吸纳"大部制改革"以及"条抓块统"的思路,规范实行宽口归并与属地强化,以持续优化乡镇统一指挥协调体系,高效能打造乡村治理试点乡镇。

安徽省乡村振兴局副局长阳传炉一行调研"红光微光"（2022年6月）	《安徽日报》头版报道"红光讲师"讲党史活动（2022年6月）
 红光故事文化长廊	"红色微光"主标识

图7　石塘镇红光社区"红色微光"党建微阵地

将原综治中心、信访办整合提升为社会治理中心，形成"大综治"格局；推进辖区派出所、司法所等派驻机构事权下放，逐步将其工作考核、干部任免的建议权纳入组织管理，强化镇级统筹。通过改革行政管理体制，石塘镇社会治理中心运行高度扁平化，有效解决了部门林立、发力分散、缺乏统筹等问题，有力保障信访工作的连续性和及时性。

（三）"大化解"举措攻坚克难

石塘镇聚焦信访工作中存在的突出问题和群众反映强烈的热点问题，扎实开展信访件"大起底""大化解"。完善科学合理的信访档案管理制度，精细化录入信访事项信息，规范化更新即时动态，定期通过台账对比、系统查询等方式对信访件处置情况排查梳理，摸清底数、存量和办结率等情况。重视初信初访，实行信访人"一信三反馈"，及时告知受理情况，及时反馈办理结果，及时跟进满意度调查。紧盯"钉子案""骨头案""积年案"，成立工作专班，实行领导包案制度，按照"谁主管、谁负责"的原则，镇包村、村包网格、网格包人，一级抓一级，一级对一级负责,对信访重点隐患定人、定期落实包保(图8)。目前石塘镇信访案件及时受理率、按期办结率均为100%,严格做到"事事有回音,件件有结果"。围绕中心、服务大局,石塘镇同党和国家中心工作同向发力、同频共振,特别是明确聚焦二十大重点时期,以战斗姿态坚守一线、履职尽责,持续推动信访形势和信访秩序平稳向好。

石塘镇党委书记协调处理	红光社区化解西韦组较大自然村人居
红光社区朝东组拆迁安置信访件	环境整治提升项目矛盾纠纷

图 8　石塘镇信访案例化解

(四)"大接访"机制为民解忧

时任省委书记郑栅洁在2021年安徽省第十一次党代会之后曾多次提到,要健全领导干部接访下访和阅批群众来信制度,将心比心、换位思考,解决群众急难愁盼问题,做到接访不走过场、写信真管用。肥东县深入开展"大接访"活动,截至2022年9月,已有6批次石塘镇村民被县委、县政府领导干部接访,所有登记信访事项均按照"建台账、列清单"要求闭环式受理,逐件明确责任单位、逐案明确办结时限,确保群众诉求依法及时就地解决。同时,石塘镇参照此模式,将信访工作重心下沉、关口前移,巩固拓展"深督导、重化解、促落实"专项行动成果,"变群众上访为领导下访",安排主管领导和办站所负责人定点接访、带案下访、重点约访和随机接访。

(五)"大善治"理念成风化人

信访工作作为政府、社会和人民三者之间沟通互动的纽带,能够实现三者对公共事务的合作管理,从而达到公共利益最大化,这与善治理念相得益彰。以善治为目标导向,对信访制度进行法治化改革,推动社会治理现代化,在理论设计和实际运用上具有必要性和可行性。石塘镇秉持为民初心,牢记为民解难、为党分忧的政治责任,坚持把密切党与人民群众的血肉联系作为信访工作的出发点和落脚点,把群众满意作为信访工作"第一标准",着力提高信访办理质效。围绕信访工作,充分尊重群众的知情权、表达权和参与权,用真心依靠群众,用诚心善待群众,用爱心关爱群众,把群众心结纾解开、情绪疏导顺、怨气化解掉,切实把工作做到群众心坎上。以情感人、寓情于理、依法办事,坚持讲好石塘故事,广泛宣传石塘经验,重塑崇德向善的乡村文明。

四、农村信访问题与基层治理短板

"得农村者得天下。农村的作用是个变数,它不是稳定的根源,就是革命的根源。"农村和农民对于发展中国家的政治稳定至关重要,推进国家治理现代化的重点在基层,难点也在基层。

(一)权利意识伸张与法治建设滞后之间的矛盾

随着乡村振兴战略的实施和城镇化建设的推进,农村群众从单纯的农业生产者成长为具有自主权的市场经济主体,逐渐褪去了"政治冷漠",政治参与意愿日益增强,越来越多"沉默的多数"敢于发声,主体的多元化必然造就利益诉求的多元化。但是农村群众自治主体功能长期缺位,群众法治意识仍然淡薄,甚至对基本的权利义务关系存在较大的盲区、误区,权利意识觉醒与维权理性不足的矛盾凸显[3]。当正当诉求得不到回应或者额外获利的期望得不到满足时,其维权方式可能变质,诉诸非制度化的政治参与手段,发生缠访、闹访等非正常上访行为或规模较大的群体性事件[4]。

近年来,石塘镇因涉法涉诉不予受理的信访事项逐年攀升,而人民调解和司法调解、法律服务和法律援助工作难有起色。经调研走访,83.3%的农村居民表示不愿"惹官司","有困难,找政府"的习惯造成信访实践牵涉司法救济的尴尬局面。

(二)政务服务纵深与干群关系紧张之间的矛盾

在基层治理现代化进程中,农村社会的整合方式由以行政方式为主向以市场、法治、行政等综合方式转变,农村群众的阶层构成和社会角色以及农村干部的队伍结构和责任权力都发生了极为广泛和深刻的变化,干群关系不断向契约化、理性化方向发展[5]。

干部是干群关系的关键一方。部分乡村干部对于自身职责和义务定位不准,群众主体观念弱化,集权现象严重,导致权力自授、权力寻租、"小官大贪"事件频频出现。据统计,基层违纪违法案件中,村干部占据了案件数量的70%以上,由村干部腐败引发的群众信访占农村信访总量的50%以上[6]。笔者曾化解一起土地承包纠纷,来访人称由于"自己生产队在大队没人"而被削减了承包费,后经查明,降租为其所在村民小组的集体决策,并无不妥,但来访人这句无意间的抱怨不禁引人深思。目前干群关系虽整体向好,但局部冲突极易产生"多米诺骨牌"效应,潜藏着巨大的聚合性风险,如果不加以解决,会造成农民对政府的不信任,动摇党执政的群众基础。

(三) 条块压力与权责失衡之间的矛盾

在基层治理中,我国政府体制的结构性条块关系具体表现为上级职能部门与镇村之间围绕权责划分所对应的相互关系,区县职能部门通过政策制定、业务指导等"条条"单方面作用于镇村"块块",几乎涵盖了所有公共服务与管理的属地责任。然而在垂直管理改革背景下,镇村两级责重权轻甚至有责无权的情况时有发生,"上面千把锤,下面一根钉"是对基层权责不对称现象的现实刻画[7]。笔者在村任职期间,经常在两小时的镇村大会上转接数十项工作安排。囿于"时少事多""权小事大",基层对于信访维稳问题,一是可能"看得见抓不住",缺乏与之相对应的治理权限和资源,无法应对各种复杂的社会矛盾,尤其是在特定历史条件下产生的政策性问题;二是可能从源头管理上越位错位,缺乏统筹,草率埋下隐患。

(四) 多元共同体与单一主体之间的矛盾

"强政府-弱社会"模式逐渐瓦解,社会治理基本实现了从单一主体到多元共同体的转变,形成了社会组织参与社会治理的多元共治新格局。但不可否认的是,目前社会矛盾纠纷多元预防调处化解综合机制尚未完全落地,乡镇村居作为责任主体,协同效力欠佳,多元共同体参与基层社会治理的合力较弱,深度不足,且社会组织的孵化和培育力度有待加强。前文提到,社会矛盾纠纷趋于高发、多发,并且呈现复杂化、多样化的特点,仅依靠单一主体无法解决所有问题。另外,针对拆迁安置、民政救助等有村居参与的重点信访事项,单一主体缺乏中立客观的立场,难免"既当运动员又当裁判员"之嫌。

五、提升信访工作质效,推动基层治理现代化

"县集而郡,郡集而天下,郡县治,天下无不治。"坚持和发展新时代"枫桥经验",将心比心提高农村信访工作质效和服务群众实效,实现基层现代化治理,是乡村振兴的核心要义,是党的群众路线的根本遵循。

(一)党建嵌入,促进转化制度优势

治国安邦,重在基层,管党治党,重在基础。农村基层党组织是党联系广大农民群众的纽带和桥梁,是党在农村全部工作和战斗力的堡垒。探索"党建+信访"新维度,做实党在农村信访工作中的"五员"职责,锻造基层社会治理的主心骨[8]。

一是"服务员"。党建引领以高标准推进公共服务均等化为实践指向,强调对信访堵点、痛点的源头治理,一切为了群众,一切依靠群众,推进群众"信访"向"信任""信法"转变。二是"组织员"。为使信访工作成为维护群众利益的喉舌与利刃,在党组织统一领导下统筹协调信访工作联席会议平台,压实各单位各类信访事项责任。"自治不离核心",党在引导提高农民组织化程度的同时,发展全过程人民民主,提防村民自治权力异化,真正做到为民发声、为民解忧、为民谋利。三是"信息员"。"治理之道,莫要于安民;安民之道,在于察其疾苦。"部分基层干部对待矛盾纠纷存在"瞒""堵"等思想,徒增排查预警工作被动性。借助党建网格员在乡村的亲缘、地缘、业缘等优势,拉网式、全覆盖、常态化摸排社情民意,不漏一处、不留死角,畅通上情下达、下情上报、上下互动渠道,有效避免问题"积土成山,积水成渊"。四是"监督员"。信访检举同巡视巡察和国家监察的内外衔接,是发挥"社会化监督"的关键所在。通过收集信访举报所反映的不合法、不合理、不合规行为,坚持人民群众反对什么、痛恨什么,就坚决防范纠正什么,推进基层信访工作向权利救济、政治参与、权力监督多重功能回归。五是"消防员"。信访事件具有一定偶然性、不可预测性,在应急处置实践中,强化基层党组织书记的"头雁效应",发挥关键少数的带动作用,摸清全貌,善用策略,筑牢信访维稳"防火墙"。基层党组织要以高度的政治责任感和历史使命感,守土有责、守土负责、守土尽责,将信访事项折射的疏漏缺失纳入一贯性管理,切实抓好新常态下的信访工作。

（二）法治规范，注重维护公平正义

习近平法治思想是全面依法治国的根本遵循,也是做好信访工作、提升治理效能的行动指南。以学习贯彻《信访工作条例》为抓手,推进信访工作法治化、规范化建设,在全社会营造办事依法、遇事找法、解决问题用法、化解矛盾靠法的良好环境,将涉法涉诉信访纳入法治轨道解决。进一步细化涉农法律法规,完善部委党内法规和地方党内法规体系,厘清基层权责清单,消解部门"推诿"、属地"扯皮"以及条块"打架"等现象,以法治的思维和权责适配的逻辑构筑信访管理和社会治理的创新路径[7]。进一步规范村级管理运行机制,明确集体决策议事原则,强化决策执行过程监督,制定符合村情实际的自治办法,为村民政治参与、行使民主权利提供法律准则。进一步创新普法教育工作,结合"七五"普法规划,重点围绕与农村地区生产生活联系密切的法条知识进行广泛宣传,注重法制宣传教育实效而非流于形式,培育群众法治观念,引导群众正确维权,守住底线,不逾红线。

（三）要素保障，加快驱动城乡融合

当前我国城乡间、地区间发展不平衡,给农村群众带来的"相对剥夺感"和"不公平感"为社会稳定埋下隐患,加之媒体介质传播作用,维稳难度加大。通过基层信访实践可以总结出规律,大多数信访矛盾直接与当事人经济利益相关,例如由民政救济奖扶、土地租赁流转等产生的纠纷,且此类问题难以调和。在当前和今后较长时间内,城乡融合优先发展农业农村,打通城乡治理体系,破除妨碍城乡要素自由流动和平等交换的制度壁垒,逐步化解户籍管理、社会保障、规划编制等城乡二元割裂,促进"城乡合治,双向流动"的良性循环,是解决人民内部矛盾的物质基础。

（四）作风优化，平衡构建良性互动

习近平总书记指出:"人民是历史的创造者,群众是真正的英雄。人民群众是我们力量的源泉。"党同人民群众联系问题是关系党生死存亡的问题。基层干部掌握着和谐干群关系的主动权,并深刻影响着干群关系的发展方向,是加强基层公信力和基层政权的关键所在。

一是抓班子,带队伍。严格选举任免制度,保障村民对村干部的民主选举权和对其进行监督的民主监督权,实现"能者上,庸者下"。优化监督考核制度,合理运用考核结果,保障"有为者有位,吃苦者吃香,流血流汗者流芳"。明确权

责惩处制度,对于失职渎职等应当追究信访工作责任的情形实行终身责任追究,"捂盖子"的要"挨板子"。加强基层干部的思想政治教育和先进性教育,根除"怕、慢、假、庸、散"作风顽疾,培养基层干部权为民所用、情为民所系、利为民所谋的人民公仆意识,自觉实践立党为公、执政为民的宗旨要求,从源头改善干群关系,掐断矛盾苗头。二是引活水,造新血。开展干部上派、下挂、轮岗等专项,激励退休人员返乡,引导法律法务、城乡规划等领域的专业人才下乡,鼓励资源向乡村流动和配置。将进村进社等基层服务项目人员和民生实事就业项目人员纳入后备干部进行培养储备,确保基层干部使用上有梯队、选择上有空间。三是知荣辱,正风气。理性对待农村地区的宗族、宗教问题,防止宗族和教会非法干预村务,指导、监督和约束民间组织健康发展[5]。重塑村规民约对村民自我教化、自我管理、自我约束的价值,注重通俗化、地域化诠释法律政策,培育崇德尚文、淳朴和谐的乡风民风。

（五）协同共进,创新开辟中国之治

吸收借鉴新时代"枫桥经验",突破传统的单中心管理模式,以基层党组织为纽带,整合吸纳公共权能的优长与社会公众的优势,有序带动村社、社会组织、社会工作者"三社联动",发展"一核多元"的基层治理体系。广泛发动,尊重人民群众的主体地位和首创精神,深化多元协同的重要意义,通过媒体介质传播典型案例提升社会公众的自治意识和参与意识[9]。广开言路,保持与人民群众的血肉联系,突出乡镇人大代表的广泛代表性,保障多元主体的知情权、参与权和监督权,实现信息资源共享。集思广益,培育本土乡贤会、村嫂会、志愿服务队等群众组织,引进企事业单位以及非政府组织等第三方机构,鼓励支持他们参与村务管理、矛盾调处、乡风文明评议等工作。明晰多方共治规范,优化协同参与平台,发挥多元主体治理效能,推进治理难题高速受理、高位推动、高效办结,践行中国特色社会主义基层治理体系和治理能力的具体要求,加快推进乡村振兴。

参考文献

[1] 褚宸舸,肖剑.坚持新时代"枫桥经验"加强信访矛盾纠纷基层治理[J].信访与社会矛盾问题研究,2021,(2):2-13.

[2] 孙亦馨.新时代人民内部矛盾处理问题研究[D].齐鲁工业大学,2021.

[3] 任金梅.当代中国农村干群关系问题研究[D].吉林大学,2016.

[4] 杜伟泉,朱力.悻弱型过度维权现象解析——以基层信访调研资料为例[J].江苏社会科学,2020,(5):64-71.

[5] 李会林.城镇化过程中的农村干群关系研究[D].浙江财经学院,2013.

[6] 陈晓英.村干部腐败触目惊心 位小权大缺少监督[J].山西农业(村委主任),2009,(2):44-45.

[7] 邹东升.信访属地管理偏误下基层政府的困惑与解惑——自利与避责的分析框架[J].行政论坛,2020,27(6):42-50.

[8] 雷浩伟,廖秀健.制度引领与治理嵌入:新时代党全面领导信访工作的双重逻辑——基于四川省什邡市的调研分析[J].领导科学,2021,(14):18-22.

[9] 李殊.协同治理视角下Y市信访工作现存问题及优化策略研究[D].湖南师范大学,2021.

重大疫情下农村的防控实践及其治理逻辑

——基于内蒙古 H 镇部分行政村新冠疫情的防控分析

袁伊劲

作者简介

袁伊劲,内蒙古鄂尔多斯人,出生于 1994 年 9 月,北京大学法学院 2020 届硕士毕业生。在校期间获得北京大学优秀学生干部、北京大学优秀毕业生、招商证券未来领袖奖学会等荣誉。毕业后选调至内蒙古,现为内蒙古自治区党委组织部四级主任科员,在赛罕区榆林镇挂职,任党委委员,副镇长。

摘 要:新冠疫情呈现的突发性、传播性、隐匿性等特点,增加了防控和治理难度。农村社会作为疫情防控重要阵地,为化解医疗物资匮乏、专业人员缺失等困境,通过集中资源、创造条件、加强基层组织引领、动员群众参与等方式,实现了疫情高效防控。农村防控经验的内生逻辑在于对日常合作文化的塑造、基层组织的建设、群众路线的坚守。这对乡村治理能力提升与应急管理体系完善有重要参考借鉴意义。

关键词:应急管理;治理能力;疫情防控

一、问题的提出

2019 年 12 月,新型冠状病毒感染(以下简称"新冠")疫情在武汉市发生,并逐步扩散至湖北省和全国各地。新冠疫情给我国的经济社会发展带来巨大冲击,也给农村的稳定发展带来风险与挑战。我国长期的城乡二元体制,使得乡村在应急管理制度、财政投入、医疗资源上与城市存在较大差异[1]。乡村在从传统社会向现代社会转型过程中,人力物力资源外流严重,空心化现象明显,治理能力下降。此外,农村专业医疗人员不足、防控方式相对落后、危机认知能力弱等问题,使得原本并不牢固的农村风险防控体系捉襟见肘。但是农村社会却在疫情防控中屡次展现有效的防控结果,在关键时刻能够较为快速统一目标、集中力量、高效防控。因此,本文以内蒙古自治区 H 镇下辖的部分行政村为考察对象,通过对 2021 年 10 月、2022 年 2 月、2022 年 10 月发生的三次当地大规模疫情防控实践进行系统性考察,试图总结农村特有的疫情防实践经验与内生逻辑。之所以选择 H 镇进行研究,是出于以下几方面考虑:第一,H 镇位于内蒙古自治区呼和浩特市城区往北 70 千米的山区内,所在县曾是国家级贫困县,经济发展水平较低,治理资源相对缺乏,组织能力相对薄弱,防控风险难度较高。第二,H 镇下辖的乡村务工人员多,人才流失明显,人口老龄化严重,防控风险能力低。将这些乡村作为研究样本具有一定程度代表性。从 H 镇 11 个村多次重大疫情防控的实践来看,乡镇一层不断吸取防控经验提升决策速度与精准度;村委会一级不断改进工作方法,各司其职,上传下达;村民在多次防控过程中对提升风险认知能力与配合程度,疫情防控彰显出较为强大的动员力和组织力。通过考察村庄在重大疫情防控中存在的困境,总结其有效防控经验,探索经验背后的内生逻辑,有助于推动农村重大疫情防控体系的建设,同时对基层治理能力和治理体系的建设也有一定的启发。

二、纪实:农村重大疫情防控样态

2019 年 12 月以来,新冠疫情在多地发生。H 镇也未幸免,截至 2022 年 11 月,H 镇共经历 3 次较大规模疫情防控实践,具体如下:2020 年 10 月 22 日开始,时间持续约 15 天;2021 年 2 月 16 日开始,时间持续约 40 天;2022 年 10 月 1 日开始,至今尚未结束。按照疫情发生后物资筹备、开展防控、后期反馈几个阶段,分别梳理三次疫情防控情况(见表1)。从具体实践中可以更清晰完整地看到农村在重大疫情防控中存在哪些风险点和困境。

表 1　三次防控工作筹备情况

疫情发生时间	医疗物资准备	疫情防控点设置	防控人员分工
2021 年 10 月	医疗物资:根据常住居民人数估算核酸检测物资数量。全民核酸一般在 5 000 人左右。医护人员:各行政村卫生室大夫。	核酸采样点:县文件要求,设置 3 个核酸采样点,为了更高效便民,镇政府决定在每个村委会设置 1 个采样点。共计设置 11 个采样点。场地布置:帐篷、桌子两张、警戒线、1 米距离间隔线。	党员干部、志愿者共计 144 人参与疫情防控工作。核酸采样人员:1 人。信息采集员:乡镇干部、村两委选聘大学生等相对年轻的干部。组织、维护秩序、消杀人员:一般为村委会成员、网格员。卡口值班人员:自然村村委会主任、网格员、志愿者。
2022 年 2 月	医护人员严重缺乏,须向县里借人、靠上级派医护驰援。核酸采集前 3 天,医护人员所用外科手术手套、专用口罩严重缺乏。后期,医疗物资充足,甚至过剩。	采样点个数:11 个。场地设置优化:总结之前核酸检测经验,严格按照防疫要求,在点位对接、场域设置上都进行了合理优化,拉好隔离带、布置警戒线,划分核酸检测等候区、信息登记区、采样区、临时隔离区等区域。在排队区域安装分流设施,设置 1 米间隔线,有效引导居民有序排队,保持 1 米安全距离。每个点位都配置医护人员、信息录入人员、场域控制人员、消杀人员。	参与防控工作人数:党员干部 326 人,志愿者 11 人,共计 337 人。分工与此前基本保持不变。卡口值班人员中将乡镇干部也排列在内。村民志愿者参与防控工作人数增加。
2022 年 10 月	医疗物资充足,分配相对合理。	采样点个数:11 个。场地设置:同前。新增 1 个自然村 68 户隔离。	参与防控工作人数:村两委工作人员 55 人,包联干部 24 人,网格员 57 人,志愿者 27 人,干警 6 人,自然村村委会主任 100 人,驻村工作队 15 人,在村党员 85 人。分工与此前基本保持不变。志愿者人数增加。

表 2 防控工作开展情况

发生时间	通知方式	采样过程	防控举措	保供情况	特殊情况
2021年10月	①微信工作交流群。②大喇叭广播。③电话。	村民扫码登记、工作人员扫村民身份证并手动录入手机号。系统故障时，须手动录入村民身份证号、手机号、居住村等全部信息。	①采样点集中检测、入户为行动不便人员进行检测。②倡导村民不外出、不聚集，确有必要外出时做好登记工作。	村、镇两级各自解决工作期间干部吃住问题。	平稳完成，未出现特殊情况。
2022年2月	①设置专门疫情防控工作微信群。②村委会大喇叭广播、流动大喇叭。③电话。	工作人员扫村民身份证，手动录入电话号码。	①集中采样与上门采样结合。②挖断或堵死乡村道路。③明令禁止村民离开乡镇。特殊情况需要出具说明。	物资保障紧缺。工作人员吃住条件艰苦，经常需要靠泡面充饥。	①恰逢元宵佳节，村民走亲串户，给疫情防控增加难度。②邻镇有阳性确诊病例，村民情绪恐慌。③有抗拒被封镇管理的村民。
2022年10月	同上，对微信公众号的利用度越来越高。	村民出示二维码，工作人员一扫即可完成信息采集。	①集中采样与上门采样结合。②挖断、堵死乡村道路。③封锁门户，居家隔离。	物资保障紧缺，工作持续40余天，吃住条件艰苦。	①寒流入山，加之疫情影响，秋收工作无法按进度完成。②本村有阳性确诊病例，全村封闭式管理，秋收、牲畜喂养成为困难。③疫情封控，道路受阻，种植大户农产品滞销。

表 3　后期反馈

反馈时间	数据报送	舆论宣传引导	解封过程
2021 年 10 月	样本基本能按照要求时间进行报送,数据偶有遗漏和错误。	微信公众平台作为唯一官方宣传平台,有一定滞后性,且内容单一。如 2021 年 10 月 27 日进行第一轮全镇核酸检测,公众号在检测之前既没有发相关通知,检测后也没有对相关情况进行报道。直到 4 天后,2021 年 10 月 31 日上午 10:05 才发送推文《H 镇圆满完成第一轮全民核酸检测工作》。	自然淡出疫情防控工作,无缝过渡乡镇日常工作状态。
2022 年 2 月	样本基本能按照要求时间进行报送,数据准确度相对较高。	积极宣传疫情中的榜样力量,形成一村一篇抗疫故事。在村民中影响广泛,村民更加配合工作,干部干劲受到鼓舞。	有相关文件和政策要求,逐步解封。
2022 年 10 月	样本基本能按照要求时间进行报送,数据准确度相对较高。	①更公开:对疫情防控整体情况、数据做公开说明。②更细化:对志愿者、驻村工作队、爱心企业、人、事进行专门宣传报道。起到良好的引导宣传带动作用。	截至 2022 年 10 月 31 日,疫情防控已经持续整一个月。

三、困境:农村重大疫情防控挑战

为有效遏制新冠病毒感染疫情蔓延,城市防控工作是重中之重,同时农村也不可忽略。通过对 H 镇 11 个村三次抗疫情况进行梳理,不难看出农村地区疫情防控面临着一些困境。造成这些困境的因素很多,有历史发展,有现实情况;有外部环境,也有自身原因;有制度体系,也有政策执行等。总的来说,农村在疫情防控过程中可能存在诸如转型阶段风险防范难度增加、医疗资源缺乏、基层干部治理能力存在短板、硬核防控措施合法性危机等困境。

(一)转型阶段风险防范难度增加

随着农村人口流动加速,乡土中国的封闭性被打破,以市场经济、工业文明为代表的现代性快速进入农村,深刻影响着农民的价值观念和行动逻辑,改变着村庄的治理格局和公共秩序,使传统农村开始加速向现代社会转型。转型带来了农村年轻人才流失、老龄化严重的问题,也使农村从熟人社会向半熟人社会转变,人与人之间面对面交往减少,村庄内信息变得不对称、不透明,社会关联减弱,村庄公共性有一定程度消失,个体化、原子化现象相对明显。此外,新冠疫情在当时呈现传播速度快、隐匿性强、感染性高等特点,个体防控能力弱化。同时,基层组织治权的上收导致基层治理资源减弱,治理"悬浮"问题凸显,这都使得农村疫情防控和风险防范的难度增加。[2]

(二)医疗资源匮乏

受城乡二元结构的影响,农村和城市在医疗资源的配置上存在很大差异。虽然近些年农村的医疗条件已经得到很大改善,或可满足应对日常医疗需要,但是面对重大疫情这种突发性公共卫生事件的防控工作时,就显得力不从心。医疗匮乏缺乏首先体现在物资分配不到位不均衡上。H镇2022年2月开展第二次疫情防控时,专业防护口罩和橡胶手套严重短缺,需要临时采买,核酸检测时间因此无限推后,最后依旧未能采购到专业防护物资。面对着排队等候了2小时的村民,医护人员不得以通过叠加多层普通口罩和普通橡胶手套进行防护,核酸检测从下午5点开始直至凌晨3点结束。此后的疫情防控当中虽未再出现专业防护设备短缺的情况,却出现一些不必要浪费。可见,在农村医疗物资配备问题上缺乏一定的科学性、准确性、均衡性。

除了医疗物资,专业医护人员同样严重不足。目前我国大部分农村地区的医疗卫生体系配备是每个行政村原则上设置卫生室一间,配备1—2名医护人员,医疗条件简单,村民日常的头疼脑热问题基本可以解决。但是在应对突发性卫生事件时,完全没有能力匹配联防联控的需求。村医既要在采样点完成集中性全民核酸检测,又要入村入户为行动不便的村民进行个别性核酸检测,确保不漏一人,还要接诊日常生病的村民。当县、镇两级对行政村核酸送样时间进行严格要求时,村医更要兼顾采样速度。一个行政村每轮核酸检测大约450人,每村仅有1—2名医护,专业人员严重不足,成为制约农村疫情防控的难点之一。由于专业医护配备不足,面对特殊情况,存在临时培训村镇干部这类非卫生技术人员充当核酸采样人员情况。2022年2月、2022年10月两次防控中均有此类情况。医护不够专业极易造成核酸采样不精确;或因防护不到位造成交叉感染,农村疫情防控工作存在重大隐患。

（三）基层干部重大疫情治理能力存在短板

1. 乡镇干部对突发事件应急能力欠缺。部分干部在开展疫情防控工作中应对性、前瞻性不强，面对工作中出现的突发情况，应变能力有待提高。2022年2月疫情防控工作中，第二轮全民核酸信息采集系统无法正常使用，只能手录信息，导致采集速度很慢。村民着急回家，不按要求有序排队。工作人员由于不认识村民，又控制不了村民插队问题，经常出现被采集信息的人和做核酸的人无法一一对应的情况，导致数据采集不准确。而此时，某村的包村领导站在一旁手忙脚乱却无计可施。伴随着乡村转型，干群关系有所疏远，他也不认识村里的人，同时又无法立刻解决混乱问题。

2. 部分挂职干部不作为、"不住村"现象值得警惕。H镇有几位挂职领导，都有包村任务，而这几位领导在日常工作中几乎见不到人。由于2022年2月、10月两次疫情防控对领导职责有严格要求，挂职领导无特殊情况必须到村里参与防控工作。某村的挂职领导全程待在村委会，却几乎不参与任何疫情防控工作，在干部和群众当中影响较差。

（四）简单粗暴的防控手段合法性受质疑

2003年，抗击非典疫情时，新闻曾报出河北廊坊群众为了不让北京车辆进入，在路上挖深坑的事件。2020年抗击新冠疫情，河南发生因某村封村断路影响对脑出血老人救治的案例。而在H镇，三次疫情防控中，几乎每次都有不同程度的"封村封路"行为，主要采取挖断村道路基，在村道堆设泥土、石头等障碍物的"硬核措施"杜绝村民随意流动，禁止外来人员入村，以防止疫情蔓延。简单、粗暴、原始的防控手段，虽然能够有效地抵御病毒的侵扰，但却在程序上不合法，不仅影响防疫物资与医疗支援的进入，还导致村庄物资短缺以及亟须救治的群众难以外出。[3]

四、应对：农村疫情防控经验

相比于精细化的城市，人力、物力、财力极其有限的农村在重大疫情防控中虽然存在一些先天的、自发的困境与挑战，但从H镇11个村整体疫情防控效果来看，形成了立体的防控体系和结构合理的领导队伍（乡镇干部、驻村干部、村两委、网格员、村医、党员志愿者等），基层党组织的战斗堡垒所用得以发挥，疫情防控政策被有力执行，新冠疫情在农村有效阻隔。农村之所以可以凭借强大的行动和组织力较好地完成防控任务,与农村社会结构有紧密关系。血缘、地缘基础上的农村社会关联性较强,重大突发事件激活了内生凝聚力,村庄公共资源得以高度聚集和整合,方便迅速构建低成本、高效率的疫情防控体系。[2]

(一)熟人社会:集体行动的高度一致性

多数的自然村,是由同一姓氏的血缘和地缘构建的"差序格局"宗族邻里关系[3],而由"地缘""血缘""生产关系"构成生活共同体,人与人之间互相熟悉,且有着更为接近的价值观和认知力。当村委会主任前前后后进行疫情防控动员后,大部分的政策都能得到支持和响应,这是人们长期处在基础条件相对薄弱的农村,面对突发事件的不确定性与风险性做出的本能反应。此外,突发的新冠疫情在此时的农村属于没有任何利益纠纷的群体危机,是群众共同面对的敌人[4],这便激发了熟人社会日常生活积累的内生凝聚力,"团结起来,齐心抗疫"是大家的集体目标,这就促使集体行动的高度一致性。一个明显的体现就是,在三轮防控当中,村委会主任通知大家配合进行核酸检测时,往往会通知某个家族兄弟几人当中有话语权的,叮嘱其核酸检测时把家里人召集齐。此外在核酸检测现场也经常能看到相识的几个人互相招呼提醒,一同完成检测任务。熟人社会下这样一致的、相互提醒和监督的集体行动很大程度提高了疫情防控的有效性。

(二)结果导向:没有条件创造条件也要上

如果说机关工作特点是强调程序性、规范性,那么基层工作更多是问题与结果导向。"以解决问题为原则"似乎是大家的逻辑默许。这样的思路和习惯导致工作虽然完成了,但过程可能不符合规定和要求。然而,在重大疫情当中,既没有科学有效的应对突发性公共卫生事件的经验,又没有充足的医疗物资和专业的人员,而"疫情就是命令,防控就是责任",有条件要上,没有条件创造条件也要上。在第二次疫情防控时,全民核酸的第一天,几百号村民在冬夜排队等检测,而医护人员由于缺专用外科橡胶手套、医用N95口罩,担心交叉感染和承担责任,拒绝开始核酸检测。干部们先想办法按要求采购物资,采购无果后,有干部提出叠加2—3层普通橡胶手套和2—3个普通N95口罩,再用玻璃胶加固束口处加强密封度的防护操作。这个方法被采纳,包村领导同时承诺出现问题由他承担主要责任。医护人员这才放心开始工作。面对被采集者多、医护人数少、采集速度慢的问题,村里更是想办法让经验丰富的医护示范防护、采集的规范动作,干部现场学会后,分为两组采样人员进行核酸采集,一组在采样点进行集中采集,一组同步入户采集,大大提高了工作效率,也保证了样本能在规定时间送检。从某种程度上说,这些操作都欠规范,甚至有一定风险,但却是资源缺乏下的"无计之计",是农村基层组织在非常时期最有效的、直接的自救方式。

(三)领导力量:基层党组织的战斗堡垒作用

习近平总书记指出:"应对和战胜前进道路上的各种风险和挑战,关键在党。"[5]党的基层组织是贯彻落实党的路线方针政策和决策部署的基础,也是党和国家带领广大人民群众妥善应对重大突发事件的保障。基层党组织发挥的战斗堡垒作用是这几次疫情防控工作取得成效的关键因素。一方面基层党组织发挥着政治引领和政治保障的作用。在这三轮疫情防控工作中,H镇党委充分发挥政治核心作用,组织带领党员干部积极开展一系列防控工作,村党支部基本能在第一时间召开村组干部会议,就疫情防控工作进行部署。2022年10月这次重大疫情防控,9月28日呼和浩特市区出现第一例确诊病例。10月1日国庆节第一天镇政府立马召集各位干部返回岗位待命,村党支部第一时间响应,11个村在第一轮核酸检测开始前,村两委干部全部在岗,包村、包户、包重点路段开始24小时轮岗值守,对在村外来务工人员进行认真摸底登记、建立疫情防控台账。当S村出现阳性确诊病例时,第一时间在S村成立疫情防控临时党支部、疫情防控工作专班、疫情防控流动巡逻队,在11个党支部插上鲜红的党旗。另一方面是基层党组织的组织协调作用。在这几轮疫情防控中,基层党组织紧紧依靠人民群众,构建起群防群控的人民防线。各位干部通过大喇叭宣传、微信群通知、入户察看等多种方式快速动员群众,加强疫情防控宣传,落实防控措施。广泛地组织了群众,形成全民防控局面。同时基层党支部也在承担协调者的角色,不管是医疗物资,还是生活物资、人力资源等,尽可能保证在保证疫情效果的同时,减少对村民生活的影响,协调各方力量有序加入基层疫情防控工作,形成防疫合力。

(四)弹性手段:干部软硬兼施的工作方式

针对新冠疫情防控,村里采取了硬性措施,然而在实践中仍需要面对熟人社会的基础环境,虽然制度是抽象和机械的,但日常生活中的情理是鲜活的。[6]干部要在农村这种熟人社会开展工作,并不能完全按章办事,必须讲法讲理也讲情,需要用弹性灵活的手段。在疫情防控中存在不少困难,比如有些村民认为村里人都知根打底,疫情发生前也没有出过门,没有感染风险,因此时有走亲串户现象。针对此情况,村干部发现了首先严肃斥责,又担心对方不接受,坐下来喝杯茶聊聊家常顺便劝说一番,事后再依靠对方家族里说话有分量的人再三开导劝阻,软硬兼施,引导村民配合防控。有的村民虽然是密接、次密接,依旧对居家隔离产生反抗态度,甚至想钻漏洞,原因是一旦人锁在家里,牲畜就没人喂养了,秋收也完不成。对此,基层干部一边严格执行居家隔离政策,一边组织工作人员完成每日的疫情防控工作后,再帮助村民割草喂羊、喂牛。在2022年10月份的这次疫情中,镇纪委书记为了让村民安心在家隔离,号召村镇两级干部为村民收割庄稼。被隔离的村民家里没有收割机,正是农忙时,有收割机的人又不肯出借,几经波折借到一台收割机。又晓以情理,动员了机主当收割机司机,为隔离村民完成庄稼收割。面对因疫情交通不畅导致农产品滞销3万余斤的种植大户,干部们一边积极引导种植大户平价把农产品卖给农户,努力解决因封闭带来的物资短缺问题,一边向县城多家企事业单位发起倡议,倡议其为单位食堂采购本村滞销蔬菜,短短2周,滞销的农产品全部找到了销路。

(五)群防群控:构筑全民防控体系

H镇在第二次、第三次疫情防控当中,吸取之前防控经验,发现在新冠疫情的防控中涉及宣传动员、物资场地布置、隔离检测、关卡值班等众多环节工作,仅仅依靠基层党组织工作难度较大,因此11个行政村积极动员党员、群众志愿者、爱心企业加入防控工作,形成了多元主体参与、分工清晰、秩序井然的防控体系。具体来说,每个行政村有1名乡镇干部作为本村疫情防控总体指导和负责人员,确保乡镇防控政策在村精准落地;村主任、支书负责诸如调动本村资源、人员分工、宣传动员等总揽性工作;驻村工作队(3人)与乡镇包村干部(1—2人)一般为年轻人,配合医护承担信息采集和核酸检测的具体工作;村两委其他干部分别做后勤保障、样本送样、带路入户核酸检测工作;自然村村长主要负责排查、宣传、人员统计等工作;网格员负责道路卡口值班、区域消杀、隔离监测等工作;志愿者在核酸检测组和卡口值班组机动上岗。这就是H镇11个村多方主体参与、职责明确、防控有序的工作体系。由于疫情防控任务艰巨,加上三次疫情发生时间都是秋冬之季,山里温度都在零下,遇上下雪,入户采集核酸的人员往往要步行深入山里为行动不便的人做核酸。工作人员几十天坚守,具有极强的感染力和动员力,普通村民也身体力行支持防疫工作。笔者在为村民做核酸时,见到一位大娘每天几乎都是第一个到位,"大娘你为何每天来这么早","我女儿也和你一样,在市医院里做防控,特别辛苦,我们早来,你们就能早做完,能少挨冻"。还有的村民提着家里现杀的猪肉、羊肉,自家母鸡产的鸡蛋,自己蒸的馒头、炸的油糕等等家常吃喝捐给一线人员,村民感慨道"家里也没什么好东西,捐点吃喝做点贡献,干部们真是太辛苦了"。一些县里的爱心企业也纷纷伸出援手,三次疫情防控中共计收到热心村民和企业的爱心捐赠47 300元,爱心物资价值10万元。总体来看,H镇11个村在疫情防控中,党员干部发挥了先锋模范作用,带动了全村参与防控。

五、机制:农村疫情防控的内生逻辑

11个村在三次重大疫情防控中,克服风险社会不确定性、物资缺乏、防控手段合法性质疑等困境,凭借熟人社会内生优势,迅速团结一致,在基层党组织的带领下,干部灵活变通的工作方式,用心用情的服务理念,助力形成群防群控的全民抗疫体系。疫情得到了较好的控制。总结农村疫情防控经验,可以看出这些成功经验背后有其内生逻辑,是农村文化机制、组织保障、群众路线发挥着根本作用。

(一)文化机制:团结抗疫的价值基础

11个村在三次疫情防控当中,不仅是党员深入一线,还有志愿者、回乡大学生、普通老百姓、村企业等的积极响应,或捐钱捐物,或身体力行,为疫情防控贡献力量。之所以能把大家团结凝聚起来,不仅仅是因为面对共同的疫情风险,还与日常村里的文化塑造有关。一方面,基层党组织注重日常文化建设,经常性开展利民活动,如Y村多次开展村未成年人关爱教育活动,C村驻村书记经常动员市属企业发动爱心,为村里贫困户提供日常帮助,D村节日前后开展慰问老党员活动,还有一些村开展为村民打扫庭院、擦玻璃等活动。正是这一件件为民办实事的日常行为,帮助党组织和村干部形成个人和组织威望,在重大疫情防控中才能有效转化为组织动员能力。另一方面,近两年来,村镇两级积极开展新时代文明实践活动,成立"劳模精神宣讲"志愿服务队、"巧手巾帼"志愿服务队、"阳暖暖"互助志愿服务队、"广场舞"志愿服务队等各类爱心服务团队,通过开展日常文化活动、技能培训、爱心帮扶等活动,传递尊老爱幼、邻里和谐、团结合作、互爱互助的乡风文明。虽然H镇下辖的11个村老龄化现象较为严重,人才流失较多,但由于 H 镇属于呼和浩特市城郊镇,多数年轻人就近在市里打工,乡风文明不至于太破碎,一些传统文化、家庭习惯等基本能得以保持。以往农村社会的诸多矛盾、风险都与转型带来的失序有关,而在这场疫情防控战中,乡土社会的价值魅力充分展现,文化成为村民有机团结的纽带,转型社会的风险得到一定程度的抑制。[2]村里建立起来的文化机制,帮助大家提高对转型社会中风险的抵抗能力,激发村民内心的归属性和认同感,为风险的防控提供了公共规范和价值基础。由此可见,文化机制是农村核心价值所在,疫情稳定后加强农村文化建设势在必行。

(二)组织建设:有力防控的行动保障

传统农村在步入现代化社会的进程中,农民群体分化加速,村庄社会关系撕裂,农民家庭、阶层或群体之间的对立形成。[7]农民原子化、个体化加剧的后果就是很难形成合力共同抵抗风险,这就使得危机应对能力不足。此外,取消农业税以来,农村治理资源减少,基层政权"悬浮",治理能力减弱。[8]为应对这些情况,地方政府努力加强基层党组织建设。一方面,通过建立农村党支部、选优配强村干部、下派驻村工作队、一个单位包联一个村等方式,提升基础组织治理能力,成效相对明显,以村党支部书记为核心的党组织战斗力不断增强。11个村里如 C 村、D 村、Y 村几个基础较好的村,村支书引进项目、推动产业、促进农民增收,在村民当中有很高威望,在疫情防控中自然而然转化为组织动员能力。另一方面,通过成立疫情防控临时党支部进行应急统筹,使得有确诊病例的某自然村在防控中目标更一致、资源更整合、行动更协调,从有确诊病例被研判为高风险地区到降为低风险地区仅仅用了 15 天时间,中间没有新增确诊,有效地阻止了疫情蔓延。

(三)群众路线:有效防控的根本准则

习近平总书记指出"群众路线是我们党的生命线和根本工作路线,是我们党永葆青春活力和战斗力的重要传家宝。不论过去、现在和将来,我们都要坚持一切为了群众,一切依靠群众,从群众中来,到群众中去,把党的正确主张变为群众的自觉行动,把群众路线贯彻到治国理政全部活动之中。"2022 年 11 月 3 日曾报道一则兰州市三岁儿童一氧化碳中毒,因处在疫情封控小区抢救不及时死亡的新闻。兰州市疫情防控七里河区督导组在通报中指出"对此次事故处置过程中暴露出的救助机制不畅通、应急处置能力不强、工作僵化刻板的单位和干部,将依法依规进行严肃处理。"这就是在疫情防控中没有坚持群众路线所酿成的悲剧,可见,越是在重大突发事件面前,越要坚持人民至上、生命至上。H镇11个村在这几次重大疫情防控中坚持群众路线,主要体现在为民服务的理念和弹性变通的工作方式上。在入户为行动不便的群众做核酸时,同笔者一组工作的村医每天要和几个卧病在床的老人说说话,聊聊家常,缓解老人焦虑;2022年2月份的防控工作持续了十几轮,一位老大爷病得厉害,每天躺在炕上等着工作人员上门采集核酸样本,直到第九轮检测,我们到了大爷家中,才得知大爷前一晚去世了,同事有些哽咽。在整个疫情防控中,党员干部的行动能力和责任感有时不仅是来自行政性任务安排,还有对村庄、对村民的情感在里面。也正是这份情,促使党员干部们发挥柔性治理、弹性变通的工作手段推动疫情防控,对隔离政策严肃执行,对村民需求悉数回应,替村民买药、买物资、喂牲畜、割麦田……可以看出,在重大风险和灾难面前,有时候只靠行政制度和行政力量可能要付出更多的成本,而把这些行政力量转化成回应群众需求的政治实践和政治表达,努力找回群众、动员群众、依靠群众,回应群众诉求,维护好群众利益,才能形成群防群控的治理体系,并为不断走向现代化的治理体系奠定坚实的群众基础。[2]

六、小结

农村在完成疫情防控工作中存在不少困境,这些困境有客观原因,诸如转型社会中农村风险防控难度增加,病毒的隐匿性与传染性,医疗物资和专业人才缺乏;也有一些主观原因,如干部重大风险治理能力较低,在最初做疫情防控工作中没有经验,不知做什么、不知怎么做,农村疫情防控手段简单粗暴,防控"一堵了之""一封了之"。然而,幸运的是,因血缘、地缘、生产关系组成的农村共同体,精神内核仍然还在,认同感依旧明显。同时基层组织能够肩负起维持村庄有序运转和健康发展的责任和担当,这种靠文化价值和组织保障凝聚的抗疫力量一定程度上增强了农村在转型过程中的抗风险能力。党员干部在多次磨炼中总结了防控经验,优化了工作方法,面对物资人员紧缺、个别群众不配合等问题,总能合情、合理解决。未来,要吸取疫情防控的经验教训,加大投入弥补农村公共卫生事业短板,提高对疫情防控的法治化水平。为此要建立健全农村突发公共卫生事件应急预案,推动农村疫情防控制度化建设。要加强基层组织建设,发挥战斗堡垒作用和党员先锋模范作用,奋力投身抗疫一线,把党的政治优势、组织优势转化为磅礴力量,在广大农村筑牢重大卫生事件"红色屏障"。要坚持群众路线,坚持人民至上、生命至上,把人民群众的生命安全和身体健康放在第一位,探索群众参与管理的方式方法,回应群众真实诉求,信任并依靠群众力量防控风险。

参考文献

[1] 陈春莲.农村基层党组织在重大疫情防控中的作用研究——以抗击新冠肺炎为例[J].法制与社会,2020,(08):168-169.

[2] 刘涛.风险社会下农村重大疫情防控策略及其治理逻辑——基于河南省H村新冠肺炎疫情的防控分析[J].天津行政学院学报,2020,22(03):87-95.

[3] 张国磊,马丽.重大疫情下的农村封闭式治理:情境、过程与结果——基于桂中H村的调研分析[J].西北农林科技大学学报(社会科学版),2020,20(03):32-41.

[4] 吕德文.农村疫情防控及其社会机制——以"隔离"为中心的讨论[J].开放时代,2020,(03):61-68+6.

[5] 中共中央文献研究室.习近平关于全面从严治党论述摘编[M].北京:中央文献出版社,2016.

[6] 门豪.总体性社会与即时性治理——探源"社会底蕴"[J].社会科学动态,2017,(11):11-22.

[7] 杨华.时空压缩下的农民分化[J].求索,2019,(05):120-128.

[8] 周飞舟.从汲取型政权到"悬浮型"政权——税费改革对国家与农民关系之影响[J].社会学研究,2006,(3):1-38+243.

以河北省为例浅析我国农村安全宣传当前面临的问题及对策

孙一鸣

作者简介

孙一鸣,山东菏泽人,出生于1995年4月,北京大学新闻与传播学院新闻与传播硕士2019届毕业生,在校期间获得专项学业奖学金、新闻与传播学院优秀毕业生、优秀毕业论文等荣誉,毕业后选调至河北省,现为河北省应急管理厅新闻宣传处三级主任科员,目前在张家口市阳原县槽村参与乡村振兴驻村工作。

摘　要:我国是农业大国,党和国家高度重视"三农"工作。党的十八大以来,我们坚持把解决好"三农"问题作为全党工作的重中之重。随着农村经济社会发展,农村安全形势出现了新的矛盾,亟须强化安全宣传举措,提升农村人口安全素质,从源头解决农村安全生产问题。本文通过文献分析、实证分析等研究方法,分析了当前我国农村安全形势,并以河北省为例,简述了当前我国农村安全宣传面临的问题,提出了相应对策。

关键词:农村;安全风险;安全宣传

我国是人口大国,也是农业大国,农村人口众多。根据2021年第七次全国人口普查结果,我国乡村居住人口为50 979万人,占全国人口总数的36.11%[1]。因此,农村安全是保障我国经济社会持续安全发展、科学发展的重要内容,也是全面建成小康社会的基础和保障。近年来,我国各级各部门在农村安全上做了大量的工作,但农机操作伤亡、学生溺水事故、自建房安全隐患、用电用水用气造成消防安全事故等仍时有发生。特别是随着农村城镇化进程的不断加快,部分农村地区的工业生产已在经济生活中占主导地位。由于农村居民文化水平总体较低,安全意识相对较弱,加之安全投入严重不足,监管机制不够健全,安全生产形势更为严峻。所以,进一步抓好农村安全宣传,完善农村安全宣传体系,提升农村人口安全素质,从源头解决农村安全生产问题,既是重要的又是迫切的。

为进一步完善农村安全宣传改革举措,切实提升宣传实效,笔者根据在河北省应急管理厅工作经验与在该省部分乡镇、村调研经历,以河北省为例,认真总结当前我国农村安全现状,分析在安全宣传工作开展中存在的问题,并提出了对策和建议。

一、我国农村安全现状与风险

习近平总书记指出,"坚持把解决好'三农'问题作为全党工作的重中之重。""三农"问题长期处于关键位置,农村持续稳定发展成为一切发展的必要前提。但随着经济社会不断发展,隐含在农业现代化和城镇化进程中的安全问题也日益突出。目前,我国还没有关于"农村安全"的官方解释和法律界定。本文所研究的农村安全特指农村的安全生产,不包括农村的生态安全、公共卫生和社会治安。

(一)我国"三农"发展中的安全现状与风险

作为一个农业大国,"三农"问题关系到国民素质、经济发展,关系到社会稳定、国家富强、民族复兴。党和国家高度重视"三农"工作,党的十八大以来,我们坚持把解决好"三农"问题作为全党工作的重中之重,把脱贫攻坚作为全面建成小康社会的标志性工程,组织推进人类历史上规模空前、力度最大、惠及人口最多的脱贫攻坚战,启动实施乡村振兴战略,推动农业农村取得历史性成就、发生历史性变革。随着近十年农业结构调整,我国农业农村整体发展势头良好,农业从业人员数量不断增长。同时,工业化、城市化进程加快,促进了第一产业的规模化、机械化、现代化,加速了乡镇企业、农村服务业等第二、第三产业的发展。根据国家统计局第三次全国农业普查有关农业生产经营人员的调查结果,截至2016年,我国仍有3.14亿农业生产经营人员,尽管从业人员人数有所降低,但仍占全国人口总数的近20%[2]。

然而,不可忽视的是,在农村和农村经济不断发展的大背景下,农业农村安全水平发展出现显著的滞后性。由于安全投入少、安全意识低等原因,生产过程中"农村不设防"的现象仍然存在,农业农村安全总体情况依旧严峻。

从世界范围看,综合考虑伤亡事故和职业健康情况,农业与建筑业、采矿业构成了3个最危险的产业。据国际劳工组织(ILO)统计,2010—2020年,全世界平均每年有66.5万例致命性职业事故,其中农业致命性职业事故33.9万例,占比50.1%,成为职业事故造成死亡人数最多的行业[3]。

近几年,我国切实加强对农村安全生产工作的领导,建立健全农业安全生产管理体制,认真落实安全生产责任制,切实履行好行业监管责任,持续深入开展农机、渔业、农村能源、农药使用、畜禽屠宰等行业领域安全生产隐患排查整治,指导各地加强农业安全生产各项工作,提高农村基础应急水平和能力,农业安全生产水平总体上呈现稳定向好的趋势。但按照我国生产安全事故的统计方法,目前农林牧渔业生产安全事故统计仅针对注册开展农业活动的企业,对于在农村开展生产经营的个人、家庭、集体生产情况则没有明确统计,对于发生在农村范围内的其他行业领域生产安全事故也没有进行独立维度统计[4]。同时,各地对非企业雇员的农业农村从业人员死亡、受伤事故和职业病上几乎都存在广泛的不报告现象。这意味着现有的职业安全健康统计数据并不完整、可靠,农业农村安全的实际状况或许比预计的更为严峻。

(二)农村生产安全风险特征

我国处于社会主义初级阶段的快速发展过程中,经济结构、社会风俗、地域环境等因素复杂多变,城市化进程、农业机械化、产业结构调整速度仍处于高位。多种因素的相互交织,导致我国农村面临的安全生产风险特征复杂多变。根据笔者的调研和实际工作体会,当前农村的安全生产风险主要体现在四个方面。

1. 季节性

相对其他行业领域,农村生产经营特点带有明显的季节性。这主要由两方面因素造成。一方面,农业生产多与节气高度相关,农村生产经营人员的工作内容随季节变化会发生较大变化,面临的风险也随之变化。另一方面,农村与城市不同,具有较为复杂的生态空间环境,各类不同风险往往根据季节变更出现和发生,例如洪涝、飓风、暴雪等极端天气和塌方、山体滑坡、地震等地质灾害等。

2. 分散性

从地域上看,我国农村地域广阔,占国土面积的90%以上,这也使得各类农业生产从空间上具有高度的分散性。从经营方式来看,农村范围内的各类生产经营以家庭经营为主,小农场、小加工厂、小作坊、家庭工作室等生产形式较为普遍,作业场所、作业人员比较分散。这也使得政府部门很难制定统一的衡量风险的标准和操作规范,事故发生也具有偶然性和分散性。

3. 多样性

我国农业农村存在的生产经营形式复杂、涉及行业领域众多,从传统的农业生产到一二三产业融合的新业态、新形式,农村从业人员几乎遍布其中。而多样的经营形式和行业领域也使得农村风险的多样性与日俱增,并不断出现新的矛盾与问题。同时,随着科学技术的进步和提高,我国农业科技成果的应用覆盖面越来越广,但新技术、新设备、新工艺在推广过程中导致的各类安全风险未得到及时重视,没有制定相应的管控措施。

4. 社会性

随着我国经济结构转型和治理体系转型,农业农村生产经营步入新的发展阶段,在产业融合、发展、提升的过程中不仅会产生新的安全风险,劳动力结构变化、劳动组织形式多样、从业人员素质偏低等情况也会间接导致生产安全事故的发生。同时,由于各地政府对城市资源政策的倾斜,使得农村往往成为安全体系建设的薄弱点甚至空白点。

二、河北省农村安全宣传工作开展情况与成效

党和国家始终高度重视安全生产和新闻宣传工作。党的十八大以来,习近平总书记从政治、全局和战略的高度,就树立安全发展理念、健全公共安全体系、加强安全生产工作和应急能力建设、防范化解重大安全风险等提出了一系列新思想新论断新要求。习近平总书记也多次就党的新闻宣传工作作出一系列重要论述,他强调,宣传思想文化工作事关党的前途命运,事关国家长治久安,事关民族凝聚力和向心力,是一项极端重要的工作。针对安全宣传工作,习近平总书记在中央政治局第十九次集体学习中指出:"要坚持群众观点和群众路线,坚持社会共治,完善公民安全教育体系,推动安全宣传进企业、进农村、进社区、进学校、进家庭",明确将宣传工作纳入应急管理工作的重要内容。

根据习近平总书记关于安全生产和新闻宣传工作的重要论述，河北省应急管理部门提高政治站位，把应急管理新闻宣传工作作为一项重大政治任务，全面摸清河北省安全宣传的实际状况，认真分析查找当前农村安全宣传工作中存在的突出矛盾和主要问题，找出原因症结，注意总结固化经验，逐步形成了具有河北特色的安全宣传教育模式。

（一）不断完善顶层设计

根据国务院安委会办公室、应急管理部联合印发的《推进安全宣传"五进"工作方案》，河北省根据农村安全宣传工作实际，河北省安委办和省应急管理厅联合印发了《河北省推进安全宣传"五进"工作实施方案》，提出形成农村安全宣传"五有"工作机制（有组织体系、有展示窗口、有便民册子、有广播设施、有宣传活动），并开展"五个一"公益宣传活动（讲一次安全课、开展一次警示教育、组织一次应急演练、赠送一批应急与安全知识手册、发放一批宣传资料），明确了农村安全宣传工作的发展方向与实施途径。2020年12月25日，省安委办、减灾办联合印发《河北省全民安全素质提升工程三年行动实施方案（2020—2023年）》，将农民与农民工列为重点群体，细化了农村居民提升安全素质的具体举措，为工作开展提供了有力抓手。

（二）提升宣传报道力度

考虑到乡镇应急管理部门与省级及以上媒体缺乏合作机会，河北省应急管理部门积极为基层寻求媒体资源对接。在策划宣传报道过程中，为县级及以下应急管理部门提供了媒体资源与宣传渠道，着力推广乡镇应急管理部门的先进工作经验和工作典型。2021年全年，全省省级以上媒体共报道我省县级及以下应急管理工作动态81篇次，占总报道数量的7%。同时，加强与河北交通广播、综合频率与河北电视台经济生活频道、农民频道等地面频道的合作，开办了多个应急管理宣传专栏，传播应急安全知识，宣传应急工作动态，确保广大农村居民能够听得到、看得着。

（三）安全提示全面覆盖

动态安全风险提示是深化安全风险管理实效性的重要方法。河北省制定并印发了《河北省应急管理系统安全风险研判提示制度》，明确了省市县三级应急管理部门要在极端天气、防火期、汛期、全国两会等重要时间节点，通过主流传统媒体和新媒体进行安全提示。河北省应急管理厅积极与全省主要媒体沟通对接。在河北广播电视台、《河北日报》、《河北经济日报》等传统媒体和长城新媒体、腾讯网、新浪网等网络媒体广泛发布各类安全提示,命名长城新媒体为"河北应急发布",99.2交通广播为"河北应急广播",确保无死角、全覆盖。为确保安全提示可以直达乡村与农村企业,建立省市县乡企五级"安全提示群",确保安全提示能触达广大农村居民和每名企业员工。为确保安全提示的针对性,将提示细分为专业提示版和公众提示版,在确保发布内容科学精准的同时,提升农村居民的可接受度。同时,加强提示发布的追踪问效,每次发布安全提示后,注意收集企业和公众对安全提示的意见建议,及时修改完善。

(四)不断丰富科普形式

传统媒体方面,与河北广播电视台地面频道经济生活频道合作,推出全国首档公众知识竞答综艺节目《一路向前》,节目内容以应急安全问答为主,我省农村群众均可收看,收视率在省网名列前茅。新媒体方面,与新浪网合作,开展全省应急安全知识网络竞赛,广泛普及应急安全知识,答题人次突破2.8亿次。线下活动方面,广泛开展"安全生产燕赵行"主题宣传活动,通过科普宣讲、文艺汇演、专家现场咨询讲解等方式,深入全省各地传递安全生产理念。同时,制作了"农村大喇叭—安全之声"共80集的系列安全知识音频,充分利用大喇叭这一基础设施,在农村广泛播放系列音频,取得了良好的社会效果。主题活动方面,积极在农村开展"安全生产月""安全生产燕赵行""防灾减灾日"主题活动,采取"线上+线下"相结合的方式,充分运用影音宣传、视频直播、网络讲座、发放宣传品等形式,广泛在乡镇开展主题宣传日、安全隐患排查、应急救援演练、生产安全事故和自然灾害警示教育等活动,全面普及安全生产、防灾减灾、应急救援知识,实现电视有图像、报纸有文字、广播有声音、网络有互动、活动有内涵。

(五)大力推广有奖举报

加大对12350举报奖励制度的宣传,在乡村广泛悬挂12350举报电话宣传牌,让广大农村群众了解举报政策、知道举报途径、掌握举报范围和奖励标准。加大举报核查力度,对举报属实的及时兑现奖励,鼓励农村群众参与生产安全事故、非法违法行为和事故隐患的举报活动中。加大暗查暗访力度,组织人员采取不发通知、不打招呼、随机选取、直奔现场的方式,对全省各地"12350"有奖举报宣传牌悬挂情况进行暗查暗访,对发现的问题情况在全省进行通报,提出明确要求,并将落实情况列入年度应急安全宣传工作专项考核。

三、存在的问题

通过对部分乡镇的调研我们发现,尽管随着经济社会的发展,农村的安全投入在不断加大,但"农村不设防"的问题仍然大量存在,事故隐患大量存在的现状仍然没有多大改变。近年来,各级各部门对农村安全宣传工作的投入在逐步提高,对农村居民安全素质的重视在不断提升,但工作中仍暴露出一些短板和不足,主要包括以下几点。

(一)基层党委重视仍显不够,安全宣传工作机制亟待完善

部分基层党委对安全宣传工作重视不够,呈现"说起来重要,干起来次要,忙起来不要"的局面,安全宣传工作缺位现象比较严重。部分乡镇只在"安全生产月""国家减灾日"节点开展安全宣传以应对上级检查,工作浮于形式,成效不彰。同时,农村安全宣传工作存在机制不健全、体制不顺畅的现象,表现为部分乡镇的安全宣传工作没有纳入党委年度重大工作规划,经费开支没有纳入本级财政预算,更没有实行与党委工作一同计划、一同实施、一同考核,安全宣传工作成了可有可无的"软任务";安全宣传工作制度不健全,责任主体不明确,工作缺乏自主性和计划性,成了其他工作的装饰和陪衬。

(二)"无人办事""无钱办事"的现象比较突出

长期以来,"无人办事""无钱办事"是困扰农村安全宣传工作正常开展的老大难问题。乡镇党委政府绝大部分没有成立专门的宣传工作机构,专职干部除了宣传委员一人以外,没有其他的干部配备,导致工作常常处于被动应付状态,根本没有精力深入群众,更无法进行探索创新。部分乡镇将农村安全宣传的职能划转给应急办,但应急办由于成立时间短、承担职能较多,且普遍存在编制紧缺、人手不足的问题,安全宣传工作也往往被忽略。同时,安全宣传工作经费缺乏的问题同样十分突出。由于缺乏经费保障,一些地方的宣传工作长期处于"无米下锅"的窘迫境地,不仅影响了宣传渠道的扩展,还直接导致文艺下乡、电影下乡等颇受农村地区群众欢迎的宣传手段和方式仅仅停留在纸面上,难以实施,大大影响了农村地区群众的参与主动性。

(三)渠道单一,手段落后,工作未能适应新形势的需要

近年来,农村安全宣传文化阵地设施虽然有了一定的改善,但与农村居民日益多样化、多层次的需求依然不相适应。表现为:缺少统一规划,发展不平衡,村与村之间差别大;阵地设施简陋,长期得不到更新和添置;人才队伍不稳定,后备力量偏少;宣传活动形式较单一,农民参与性不够。在农村,宣传工作的渠道主要依靠电视和报纸两种传统媒体,由于电视节目对于应急安全知识涉及较少,而农村报纸订阅数量十分有限,因此宣传效果并不理想。目前,在很多乡镇,开展宣传工作依然停留在拉横额、贴标语、出宣传栏等老传统老做法,少有贴近群众思想实际、形式新颖、群众乐于接受的创新尝试,这些老传统老做法在当今资讯发达、思想开放、文化多元的社会形势下,显得十分苍白无力。

(四)农村宣传干部队伍素质不齐,职责不明,干部归属感不强

由于种种原因,农村宣传干部队伍存在知识结构陈旧、素质参差不齐的问题。由于缺少必要的教育培训,加上自身不加强学习,对党的基本理论、基本路线和国家的大政方针理解不准、掌握不牢,开展工作时往往提不出思路、找不到抓手。同时,由于长期以来社会各界对安全宣传工作的性质、职责、任务缺乏了解,一些领导干部对安全宣传工作理解不深、支持不足,使宣传工作成了费力不讨好的苦差事,一些宣传干部对宣传工作缺乏归属感,产生消极迷惘思想。特别是部分村两委干部认为安全宣传工作是一项软指标,甚至认为是可有可无的工作,极大影响了乡村安全宣传工作的开展。

除上述主观因素外,农村经济薄弱、基础设施较差,农村居民受教育程度普遍较低、法律意识和安全素质较为薄弱等客观因素,也使得农村安全宣传工作难以深入推进。

四、对策与建议

为深入贯彻习近平新时代中国特色社会主义思想和党的二十大精神,扎实推进安全宣传进农村有关工作,切实提升农村居民安全素质,经过深入研究分析,笔者提出以下对策建议。

(一)健全组织保障机制,解决"无人办事"的问题

农村地区安全宣传工作是全社会的责任,不是单一的某个单位或部门的责任,各地基层应急管理部门工作本就较为忙碌,缺少多余的精力与资源去开展安全宣传,这种情况将长期存在。但如果农村安全宣传人力物力不足,就算方式方法再天花乱坠,也难以做好"无米之炊"。要丰富人力物力,必须争取党委政府、社会力量的帮助,明确逐步建立健全安全宣传责任制,形成主要领导亲自抓、分管领导具体抓、职能部门认真抓的格局,尤其在乡镇一级,必须做到目标明确、领导到位、责任到人。要由当地政府作主导,应急管理部门牵头,将乡镇政府工、青、妇、团等群众组织纳入安全宣传队伍,形成齐抓共管的宣传局面。可以将安全宣传纳入美丽休闲乡村、乡村旅游重点村、休闲农业示范县、全域旅游示范区、平安村创建工作之中,激发基层党委政府开展安全宣传工作的积极性。要积极探索建立多元化投入机制,除依靠财政支持之外,可通过市场运作、社会资助、安责险事故预防费等渠道,积极筹措资金。

(二)分类定制宣传渠道,解决"千人一面"的问题

时至今日,大众传播已进入分众传播以至于小众传播的时代,传播的针对性很大程度上决定了传播的效果。我省地域广阔,各地风土人情、经济发展情况、交通状况等背景有所不同,须把握各个传播渠道的传播规律,有意识地选择合适的传播渠道。要利用农闲、节庆、集市、庙会等民俗活动和农民工进城、返乡等时机,针对务工青壮年、农村留守老人、儿童、妇女和孤寡、智残障人群等不同对象,推进精准化安全宣传和咨询服务,有针对性地普及灾害应对和建筑施工、道路交通、水上交通、农机、用气、用电、火灾等方面的安全知识。如对农村外出打工人员,这部分人口由于常年在外打工,接触新鲜事物较多,生活习惯和城市人口无异,接受新事物能力强,同时乡土观念较重,在春节、中秋等重点时段多会返家。因此,可以使用微博、微信新媒体等传播方式向务工人员开展宣传工作,通过该群体的思想言行不断影响其周围人群,规范更多群众的生活生产行为。

(三)创新宣传方式方法,解决"千篇一律"的问题

在开展农村安全宣传工作中,如果一味地跟农民群众讲"大道理",或仅采用拉条幅、刷标语等传统宣传手段,很难使他们产生共鸣,宣传效果也大打折扣。因此,要用好百姓语言,活用村头宣传、地头宣传、墙头宣传、炕头宣传等方式,推进传统手段和现代传媒相结合,知识普及和警示教育相结合,把科普内容编排成农民乐于接受的、简单易懂的顺口溜、山歌、三字经、地方戏曲等进行宣传,让农民便于理解,确保农村居民"听得懂、听得进、记得住"。积极开展群众性安全文化创演活动,鼓励民办文艺团体、农民业余文艺演出队等进行安全文艺创作。开展"农村大喇叭——安全之声"主题宣传活动,根据日常生产生活中存在的安全风险、问题隐患,编制"农村大喇叭——安全之声"系列音频宣传资

料,逐级发至各村,通过农村大喇叭常态化播放,推动农村人口安全素质提升。开展"进农村"公益宣传活动,进农村讲一次安全课、开展一次警示教育、组织一次应急演练、赠送一批应急与安全知识手册、发放一批宣传资料等,丰富安全宣传活动形式。充分发挥综合性文化服务中心、乡村电影、流动科技馆等的安全教育功能,鼓励有条件的乡镇建设安全教育科普点,增强安全教育的普及性、趣味性和互动性。

(四) 加强宣传队伍建设,解决"本领恐慌"的问题

要强化对乡镇应急管理部门宣传队伍的培训工作,制定专门化培养措施和个性化培养方案,加强有针对性的培训。建立结对帮带机制,定期邀请宣传系统各级专家和优秀师资进行授课指导,开展师徒结对。充分利用各类网络培训平台,以"河北干部网络学院""学习强国"等平台为阵地,不断为基层宣传干部"充电",提高干部队伍素质,以更好地开展安全宣传工作。此外,积极创造条件,在基层应急管理部门尽可能地配备专职宣传人员,加强与当地宣传部门和媒体的联系、沟通,研究和探索符合当地实际的宣传工作路子。此外,充分发挥乡村干部、安全网格员、灾害信息员、科普信息员、安全生产志愿者等在农村安全宣传中的作用,调动挂职干部、大学生村官、支教教师等开展安全宣传的积极性,发挥好驻村高素质人才的作用。可选取熟悉农村和居民状况的人员担任安全官、安全宣传员、监督员,引导广大乡村开展契合本地实际的安全宣传和应急演练活动,提升当地居民的安全素质。

(五) 强化考核激励机制,解决"抓而不硬"的问题

要加强对农村安全宣传工作开展情况的检查指导,及时协调解决工作中遇到的困难和问题。结合实际进一步细化目标任务和措施办法,推动工作落实。考核方式方面,要建立逐级考核机制,各级各地分别制定有针对性的考核办法,根据各地方实际,实行分级考试制度。建立群众评价机制,在考核中设置群众投票评分环节,引导群众通过互联网等平台开展投票,丰富考核内容,确保考核工作真实性。考核工作既是安全宣传工作落实的保障,也可以是安全宣传的工作方式,可以适当把考核工作与宣传工作结合起来共同推进。另外,要把农村安全宣传工作开展情况纳入安全生产和消防工作巡查考核内容,完善评估体系,细化考核办法,落实奖惩措施。要把目标考核与量化考核结合起来,把平时的督促检查与年终考核结合起来,确保考核的科学性和可操作性,增强考核的

约束力,真正通过考核激励机制的落实,抓牢安全教育宣传工作,确保工作取得实效。

五、结论

近年来,随着农村地区经济社会的不断发展,农村地区的安全风险呈现多样化、复杂化、社会化的趋势,农村安全生产形势极端严峻。安全宣传教育是提高群众安全意识、预防事故发生的根本措施。但就目前国内及河北省的安全宣传工作来看,在各项治理措施当中普遍存在对宣传教育重视程度不够高、编制经费不足、宣传方法落后、宣传队伍素质有待进一步提高的问题。对此,本文提出了健全组织保障、定制宣传渠道、创新宣传方法、加强队伍建设、强化考核激励等五个方面的意见建议。同时,随着我国新时代全面建成小康社会新征程的开启,农村地区的安全形势也将日新月异,新农村建设、新能源汽车等革命性政策和技术必将为管理者带来更多更大的挑战,也就要求管理者和相关学者在未来农村安全宣传教育的政策措施设计和研究中必须紧跟时代发展的步伐,坚持与时俱进、大胆创新。

参考文献

[1] 国家统计局.第七次全国人口普查公报(第七号)[EB/OL].[2022-10-25].http://www.stats.gov.cn/tjsj/tjgb/rkpcgb/qgrkpcgb/202106/t20210628_1818826.html

[2] 李一奇,曾明荣.我国农业农村安全现状及对策(上)[J].劳动保护,2019(10):67-70.

[3] International Labour Organization(ILO). Occupational Safety and Health Statistics (OSH).[EB/OL].[2022-10-25]. https://ilostat.ilo.org/topics/safety-and-health-at-work/

[4] 李一奇,曾明荣.我国农业农村安全现状及对策(下)[J].劳动保护,2019(11):55-58.

积分制管理助力乡村振兴

——以山东省临沂市沂南县岸堤镇为例

许柏林 翟玉洁

作者简介

许柏林,山东淄博人,出生于1995年4月,北京大学未来技术学院分子医学研究所2022届博士研究生,在校期间获得北京大学三好学生、北京大学五四奖学金、北京大学博士研究生校长奖学金等荣誉称号。毕业后选调至山东,现任山东省委党校人事处试用期工作人员,在山东省临沂市沂南县岸堤镇王山峪村任村支部书记助理。

翟玉洁,女,汉族,2021年7月毕业于北京大学,在校期间曾获得北京市市级优秀毕业生、北京大学校级优秀毕业生、北京大学三好学生标兵、北京大学国家奖学金等多项荣誉称号和奖学金。

摘　要:习近平总书记指出:"民族要复兴、乡村必振兴",党的二十大报告进一步强调,全面推进乡村振兴,坚持农业农村优先发展。没有农村的繁荣发展,城镇化将失去赖以生存的根基,中华民族伟大复兴将无从谈起。打赢全面脱贫攻坚战后,如何做好衔接工作,推动乡村振兴,成为当下党和国家工作的重中之重。

乡村治理作为国家治理的基石,其治理体系和治理能力的现代化,直接关乎乡村振兴战略实施的效果。2020年,中央农村工作领导小组办公室、农业农村部在《关于在乡村治理中推广运用积分制有关工作的通知》中提出,积分制是推进乡村治理体系和治理能力现代化的有益探索,要因地制宜在乡村治理工作中推广运用积分制。尽管积分制管理作为促进乡村振兴的有力抓手,已在全国一些地方进行了试点,并取得了显著的成效,但是,目前积分制管理还处在探索阶段,实践和研究还不甚充分。

山东省临沂市沂南县岸堤镇位于沂蒙山区腹地,地处沂南县、沂水县、蒙阴县交界地带,地理位置偏僻,人口老龄化比较严重,村民思想相对保守,各项工作开展存在一定困难。岸堤镇积极探索积分制管理,通过先试点后推广的方式,目前全镇所有自然村均已落实积分制管理,积分制管理的实行,极大地完善了岸堤镇基层治理体系,提升了岸堤镇基层治理能力,助力了岸堤镇的乡村振兴。

本文以岸堤镇为典型事例,基于治理现代化视角,探究积分制管理的运行机制、引领作用,剖析积分制管理在促进乡村振兴中的内在机理、实际价值,为后续积分制管理引领乡村振兴提供新的有力范本,助力乡村振兴开辟新路径。

关键词:积分制管理;乡村振兴;岸堤镇

一、岸堤镇的基本情况

岸堤镇地处沂蒙山区腹地,位于山东省临沂市沂南县城西北部,距县城30千米,东邻沂南县马牧池乡,南邻沂南县孙祖镇、蒙阴县垛庄镇,西邻蒙阴县旧寨乡,北邻沂水县高庄镇,地处汶河流域(汶河流经镇境12千米),毗邻山东省第二大水库岸堤水库,313省道、葛岸线2条公路干线在此交汇,辖区内有全省首个国家级田园综合体。

全镇行政区域面积143.49平方千米,下辖82个自然村,划分为6个农村社区和10个行政村,共设立51个党支部,党员2 490名。截至2021年,全镇户籍人口5.78万人,工业企业19个,其中规模以上6个。

岸堤镇红色底蕴深厚。1938年,中共苏鲁豫皖边区省委机关、山东抗日军政干部学校相继来到岸堤镇,同年,山东省委党校在此创立,在战争年代,涌现出"沂蒙红嫂"明德英、"沂蒙母亲"王换于、"沂蒙大姐"李桂芳、抗日英雄徐敏山等一系列楷模人物。一系列的英雄人物,赋予了岸堤镇淳朴的民风,更赋予了岸堤镇红色革命文化和光荣的革命传统。

近年来,岸堤镇坚持新发展理念,大力推动乡村振兴战略,辖区内朱家林村建成全国首批田园综合体项目,先后获评"中国最美乡村""全国乡村振兴示范基地"。此外,岸堤镇先后成功创建山东省森林乡镇、山东省卫生乡镇、临沂市光伏发电应用重点乡镇。

二、岸堤镇积分制管理的探索动因

在乡村振兴富民政策的强力驱动下,现代市场经济理念与传统红色文化在岸堤镇交汇、碰撞,如何既抓住机遇、促进乡村振兴建设,又能做好乡村治理、维持乡村稳定,成为岸堤镇的当务之急。

乡村治理作为国家治理的基石,治理体系和治理能力的现代化关乎乡村振兴战略实施的效果。2020年,中央农村工作领导小组办公室、农业农村部《关于在乡村治理中推广运用积分制有关工作的通知》提出,积分制是推进乡村治理体系和治理能力现代化的有益探索,要因地制宜在乡村治理工作中推广运用积分制。2021年,进一步明确提出,要有条件地推行农村积分制管理,以此促进农村治理。

积分制是在基层党组织领导下,对村民日常行为进行评价,通过民主程序,将评价转化为积分这一数量化指标,根据积分情况,给予相应精神鼓励和物质奖励,以形成一套有效的奖励约束机制。近年来,积分制作为促进乡村振兴的有力抓手,已在全国一些地方展开了试点。目前,积分制管理还处在实践探索阶段,岸堤镇作为"第一个吃螃蟹"的乡镇,通过积分制管理,有力推动了乡村振兴。

每个村落都有约定俗成的村规民约,尽管这些约定俗成的规则有着普遍的社会认同,却仅仅有道德层面的约束,在执行落实层面存在着诸多困难。岸堤镇的探索表明,将村规民约定量化,实施积分制管理,有效解决了这一问题。

岸堤镇将个人和家庭的日常表现、品德修养与积分相挂钩,用加减分形式进行全方位量化考核,将村规民约从"墙上挂字"变成了"表格数字",从抽象规则变成了具体积分,实现了公平、公正、公开的评比,让全体村民有了看得见的数字约束。同时,岸堤镇通过关联荣誉称号,形成基于积分的评选表彰制度;募集社会资金,建立积分兑换超市,用于兑换日用品或志愿服务;洽谈金融机构,建全农村信用体系,实现分级式金融服务。

公平、公正、公开的评比以及精神、物质奖励,极大地激发广大人民群众参与的积极性。积分制管理实施后,有效地促使村民自觉遵循村规民约、践行新时代下乡村振兴建设,村民文明素质、村风村貌、社会活力等各个方面都产生了质的变化。

三、岸堤镇积分制管理的内涵丰富

(一)积分制管理的基础是"三会"制度

积分制管理的实行离不开村民的支持,如何让村民理解接受并自觉践行积分制管理,是该制度成败的关键。岸堤镇的实例表明,由村两委会、党员大会、村民大会形成的"三会"制度,为积分制管理的实行铺平了道路。

对于一个村落而言,村两委是重中之重,有一个坚强有力的领导班子,能够根据实际情况,因地制宜地制定各项规章制度,可以有效促进村落的发展。随着市场经济的发展,尤其对于山区而言,越来越多的年轻人外出打工,村落留守常住人口多为老年人,村落老龄化比较严重,老年人对新鲜事物接受能力普遍较弱,一项新制度由村两委直接推行,往往存在着巨大的阻力。

面对这一现实问题,岸堤镇经过前期一系列探索,创造性地形成了"三会"制度——村两委会、党员大会、村民大会,用于解决这一问题。

每周五,村两委班子成员开展例会,讨论总结上周工作进展,安排部署下周工作内容,并在会后对工作情况在公示栏中张榜公示。

每个月10号,村两委召集全村党员开展党员大会。村两委在党员大会上进行述职报告,通报村两委上个月工作进展、下个月工作打算,与会党员对村两委工作进行审议,提出意见建议,并对各项决定进行举手表决。会后,党员同志发挥先锋模范作用,向村民提前传达各项工作,尤其是关于决策类的工作,并对村民的困惑加以解释,为第二天的村民大会做铺垫。

每个月11号,村两委召集全体村民,开展村民大会。村民大会以村级"新闻发布会"形式,就各项工作向村民进行发布,让全体村民对各项村集体的各项工作进行审议、表决和监督。此外,村民大会也是重要的交流会,村两委在会上向村民宣传村规民约、森林防灭火、安全生产、反诈骗等知识以及镇政府的各项方针政策,对村民提出的各项疑问进行解答,对村民提出的各项意见建议进行记录。

```
村两委例会（每周五）        党员大会（每月10号）      村民大会（每月11号）
➤ 总结上周工作进展          ➤ 审议村两委工作          ➤ 监督村两委工作
➤ 部署下周工作内容          ➤ 提出意见建议            ➤ 审议全村各项工作
➤ 公示工作情况              ➤ 表决村两委各项决议      ➤ 表决全村各项决议
                                                      ➤ 宣传各项政策

    村两委  ——引领——→  党员  ——发动——→  村民
              ←——————建议——————
```

图1 "三会"制度

以岸堤镇兴旺庄村为例，兴旺庄村是由8个自然村组成的行政村，因为自然村分布相对分散，村两委和各个自然村村民之间联系相对较弱，各项工作的开展存在一定困难。"三会"制度落实后，兴旺庄以党员大会为媒介，充分发挥党员的示范引领作用，让党员向各自的亲朋好友宣传村两委各项政策，再由他们向更多的村民进行宣传，形成"一传十、十传百"的新局面。充分预热的村民大会，实现了村两委与全体村民的良性互动，自首次召开村民大会以来，成功推行涉及集体"三资"、环境整治、村里发展等的多项决策，解决了一批遗留时间长、群众反映强烈的揪心事。

"三会"制度让村两委有了可以抓住的支点，充分发挥了基层党员的先锋模范作用、基层党支部战斗堡垒作用。"三会"制度抓住党员这个关键少数，利用基层党员，向全体村民宣传和解释各项决议，有效加强了村两委和全体村民的联系，加深了全体村民对村两委的工作的理解，促进了村两委各项工作的开展，使得基层治理效能不断提升。同时，"三会"制度调动了村民参与民主决策、民主管理、民主监督的积极性，提高了村情透明度，也对村民自治提出了新探索。

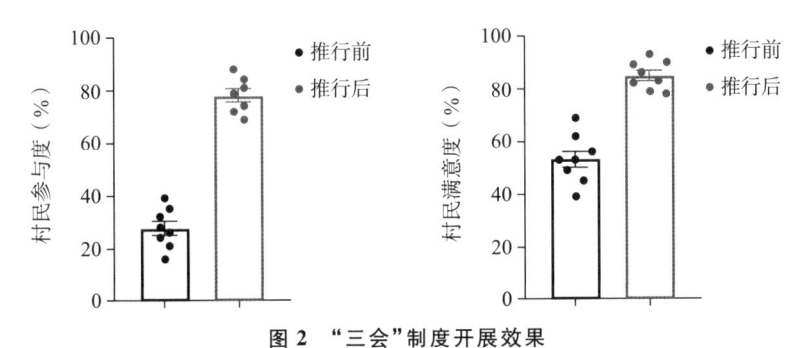

图2 "三会"制度开展效果

左图："三会"制度开展后，村民参与村集体事务参与度的变化，以百分比进行展示；右图："三会"制度开展后，村民对村两委、村集体满意度的变化，以百分比进行展示。两图中每个数据点代表一个自然村的平均值。

截至目前,岸堤镇6个农村社区和10个行政村均已常态化开展"三会"制度。"三会"制度的推行,提高了村民的法治意识,激发了村民共建共治共享的热情,提升了村民在村庄社会治理中的参与度,村民的主观能动性不断增强。

(二)积分制管理的关键是积分与激励相挂钩

积分制管理作为一种基层社会治理模式,"三会"制度可以有效对其进行宣传,统一村民思想,促进积分制管理的落实。但是归根到底,积分制管理要想成功推行,除了群众的认可外,还需要一定的激励措施,最大程度地调动村民的积极性,让全体村民自发地参与积分制管理的各项事务中,而不是被动地应付参与其中。

开展积分与激励相挂钩,首要前提是如何对村民各项行为进行积分定量化。岸堤镇各个村组通过"三会"制度达成了共识。经过多次"三会"讨论,最终将村集体事务分为社会治理类、乡村建设类、社会公德类、家庭美德类、奖励惩罚类五项,每一类别下设不同条目,每个条目下设不同行为,对应具体的积分奖惩,积分当年有效,年底清零,次年重新积分。

各项行为通过积分定量化后,便可以依据积分结果开展各项激励措施,激励形式分为兑换服务、物质奖励、精神鼓励等不同类型。其中,兑换服务、物质奖励由各个村组统筹实施。

以《村组社会治理积分制管理事项及分值标准》为例,积分激励的具体措施涵盖方方面面:(1)授予荣誉称号,村民积分高于平均分以上者,可以被推荐为最美党员、最美"村官"(网格员,保洁员)、最美家庭、最美儿媳(公婆、女儿)等各项个人荣誉称号,家庭积分高于平均分以上者,可以被授牌为"十星级文明户""最美农家"等家庭荣誉称号;(2)提名模范代表,向上级申报的各类"道德模范""劳动模范""创业模范"和先进典型等,提名人(单位)必须是参与积分制管理的先进代表;(3)积分超市兑换,积分兑换可以兑换庭院打扫等志愿服务,也可兑换食盐、酱油等各类基本生活物资,兑换方式根据不同积分主体、不同积分内容、不同时间进行分类排名、分类兑换,具体实施细则根据各个村集体的收入情况,由村集体统筹进行;(4)实施信用奖励,由镇政府协调相关金融机构,实现积分和金融机构相关联,施行积分级别式金融服务,对于积分高家庭给予更高级别金融服务支持;(5)挂钩乡镇评价,将积分和子女政审、入党入伍、政府评价等各项事务相关联,对于不同积分家庭,给予不同优惠政策。

```
积分获取方式                              积分激励措施
┌─────────────┐                        ┌─────────────┐
│ ▶ 社会治理类 │                        │ ▶ 授予荣誉称号 │
│ ▶ 乡村建设类 │    ┌──────────┐        │ ▶ 提名模范代表 │
│ ▶ 社会公德类 │───▶│ 家庭档案积分 │───▶│ ▶ 积分超市兑换 │
│ ▶ 家庭美德类 │    └──────────┘        │ ▶ 实施信用奖励 │
│ ▶ 奖励惩罚类 │                        │ ▶ 挂钩乡镇评价 │
└─────────────┘                        └─────────────┘
```

图 3　家庭档案积分获取方式与激励措施

（三）积分制管理的载体是村民家庭档案

村民家庭档案是积分制管理的第一手材料，是积分制管理最好的台账，可以有效地反映积分制管理工作的扎实程度。

村民家庭档案主体是全体村民，包括常年外出人员及居住在村的外来人员。村民家庭档案实行一户一档，内有村民的各项详细信息，除了包括每户人口、成员结构、职业技能、社会关系等常规内容外，还包含了每户在年初制定的任务、年中各个时间节点的任务完成情况，村民日常行为、参加村组活动的情况，以及对应的各项得扣分情况。

村民家庭档案由岸堤镇人民政府统一制作，按户数分配各个村组，由各个村的村积分管理工作小组统一管理。村积分管理工作小组由村两委、党员代表、村中乡贤代表、网格员等人员共同组成，负责完成村民档案的"日记录""周申报""月审核""季公示"工作。

"日记录"由村民完成。将村组根据地形分成若干区域——网格区，每个网格区设置一名网格员，网格区内村民可以通过口头、电话、微信等多种方式，就日常积分事项向网格员进行申请。

"周申报"由网格员负责完成。每周末，网格员对辖区内村民申请结果进行汇总，对村民积分进行统一初审、记录和申报。在申报时，需要写清行为发生的时间、地点、事由，必要时可以要求申请村民提供相关证据或相关证人。

"月审核"由村积分管理工作小组完成。每个月月底，村积分管理工作小组对网格员的工作进行审核监督，对村民申报的各项积分事件进行审核认定，认定结果在每月党员大会和村民大会上进行通报。

"季公示"由村两委负责完成。每个季度末，由村两委在宣传栏张榜，公示全村所有村民的积分情况，接受全体村民查询、监督。如果村民对积分结果有异议，可以提起申诉，村积分管理工作小组需要在一周内对村民的申诉调查后给出答复。村民对申诉答复不满意,可以将相关情况进一步上诉至镇政府,由镇政府相关部门进行裁决。

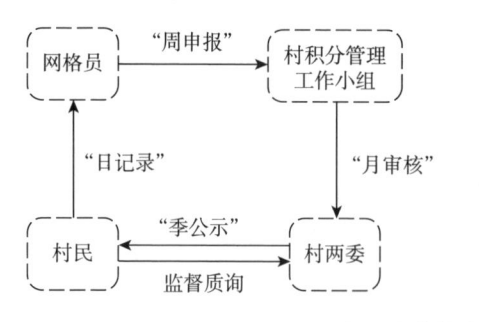

图 4 村民家庭档案

左图:村民家庭档案积分申报流程;右图:纸质版村民家庭档案。

村民家庭档案实现了个人家庭信息、日常规约行为、公共事务参与结集成册,进一步落实了各项村规民约的执行,使得各项工作有据可查、有迹可循、有榜可示,让镇政府可以更好更快地知民情、晓民意,推进各项工作,让全体村民在查档过程中,不知不觉间进行比较、反思、警醒与矫正。

(四)积分制管理的现代化形式是 App 在线系统

作为传统载体,村民家庭档案为积分制管理的推广起到了重要的推进作用,但纸质版材料存在着介质周转周期长、存储风险多等诸多不便之处。

作为乡村振兴的重要辅助,数字化建设发挥着越来越重要的作用。岸堤镇在推行积分制管理的同时,积极探索数字化的现代化管理形式,通过开发完善 App 在线系统,实现了掌上办公。

积分制管理 App 在线系统,不是简单的村民家庭档案电子化,而是在此基础上整合了全镇的各项信息。App 在线系统上有每户积分的情况,村民可以在手机上直接看到自己的分数、自己的排名、所在村落在镇上的排名。此外,App 在线系统上还有全镇的各项通知以及各个村组各项工作的公示情况,畅通了信息传播途径,给全镇居民提供了便捷的信息场所,让全镇居民足不出户了解全镇事,也让各个村村民在浏览信息同时,发现其他村落的优秀做法、先进事迹,自觉以他们为榜样,向他们学习。

依托 App 在线系统,镇政府实现了对各个村的家庭档案电子化管理。每个季度张榜公示结束后,由网格员负责将该季度积分结果录入在线平台系统,实现村民家庭档案电子化储存,供镇政府在线调取、抽验。

积分制管理 App 在线系统,除了提升了党政机关对村民的正向管理外,也促进了村民对党政机关的反向监督。与个人的积分制管理相类似,App 在线系统还设置了专门的版块,由全镇居民作为评委,对镇政府各个部门、下设事业单位的各项工作进行考核,对工作的不足进行指出和评论。相关单位在收到评论后,需要在一周内进行回复,并完成相关整改。这一模块有效地发挥了监督作用,提升了各个单位的服务水平,得到了全镇村民的一致认可。

图 5　积分制管理在线系统

四、岸堤镇积分制管理的成效显著

岸堤镇前期以部分村组为试点,开展积分制管理工作,取得了显著成效。目前,岸堤镇已经实现积分制管理的全面推广,辖区内的 6 个农村社区和 10 个行政村已经全部实施积分制管理,并且借助"三会"制度,对具体管理措施进行了修订完善,让管理方式更符合本村实际情况。82 个自然村共建立起 2.7 万份规范的村民家庭档案,并全部按照规定进行规范化记录、存档。

2022 年,岸堤镇召开镇级现场观摩推进会 1 期,召开村民档案工作推进会暨先进村经验分享交流会 2 期,山东省新闻联播、《中国发展观察》等媒体给予了报道宣传,社会反响良好。

岸堤镇的事例表明,积分制管理有效地促进了基层治理,这背后反映了新时代基层社会治理理念与格局的变革与创新,是党的领导能力、政府的治理能力、村落的自制能力三种能力的有机统筹,是基层现代化管理的重要方式。

（一）孝善文化显著彰显

齐鲁大地历史悠久，孝善二字贯穿其中，拥有深厚的民意基础，是评价一个人品质的基本标准，也是乡村治理的首倡价值观念。倡导践行孝善文化，可以有效地推动文明家风建设、淳朴民风建设。

随着市场经济的发展，传统的价值观念遭到冲击，一些农村出现不孝顺、不赡养老人的现象。尽管法律对此有一定的规定，但更多的还是依赖道德层面的约束，如何将松散的道德约束转变为有效的管理手段，一直以来是重要的探究课题。

岸堤镇通过积分制管理找到了答案。岸堤镇设立专项积分，大力鼓励子女对老人积极履行赡养义务，根据子女对老人的赡养情况进行赋分，根据分值评选"孝善家庭"的荣誉称号，并对这些家庭进行宣传报道。同时，每个村村集体争取社会资金，设置孝善基金，用于表彰孝心行为，让孝心不但获得名誉上的各项称号，更获得实质性的物质奖励。

"积分和孝善基金"，通过精神奖励与利益引导实现双管齐下，极大地调动了村民积极性，使孝善文化重新生根发芽，成为传家之本，家庭氛围、乡风民风焕然一新。

（二）公共事务积极参与

乡村振兴离不开乡村环境整治、人居环境提升等公共事务，而这些公共事务时时刻刻都可能触及村民的现实利益，离不开村民方方面面地参与。由于没有直接的工作抓手，许多村民对村集体的公共事务参与度不足，遇到公共事务"逃字当先，拖字为重"，如何激发村民的积极性，让村民积极参加村集体的各项公共事务，始终是村集体的头疼事。

岸堤镇通过积分制管理有效解决了这一问题。首先，将积分与精神奖励相挂钩，村民参与村集体公共事务，可以获得专项积分，当积分达到一定水平，以村集体推荐、镇政府推荐审核的方式，授予村民各类荣誉称号、提名村民各类模范代表，从精神层面对村民予以奖励。其次，将积分与物质奖励相挂钩，由村集体出资，与村中商店、超市合作，打造村民积分档案超市。村民参与公共事务的专项积分达到一定水平时，可以在村民积分档案超市进行积分兑换，兑换相应的物质奖励，如食盐、酱油等各类基本生活物资，或者兑换相应的志愿服务，如庭院志愿打扫。最后，每个村通过"三会"制度进行广泛协商，确立公共事务专项积分赋分情况。例如,王山峪村在疫情防控期间,确立疫情防控公共事务专项积分赋分规则,对于村民积极参与疫情防控执勤,每人次每天加 3 分;对于村民不按时做核酸检测,每人次每天扣 5 分。

积分制管理将积分和精神奖励、物质奖励相结合,极大地调动了村民参与公共事务的积极性。村民参加村集体公共事务,既得到了"面子",又得到了"里子"。在一分一分的积累中,村民获得了成就感、自豪感、收获感,村中公共事务也从"等"变成了"抢"。

建好用活积分制,促进"三治融合"新格局。通过村民档案建立,2022 年,镇村两级表彰"好媳妇""好婆婆""最美家庭"等 820 户,宣扬移风易俗等德治新风尚,营造向善向好的氛围浓厚。

(三) 村民思想日渐开放

作为沂水县、沂南县、蒙阴县交界地带的边境乡镇,尽管有两条重要公路干线在辖区内相汇,岸堤镇依旧处在较为偏僻的位置,距离县城 30 千米,距离市区 70 千米。偏僻的地理环境使得全镇居民处于半封闭山区状态,加之老龄化比较严重,村民思想相对保守,对镇政府开展的各项新鲜的惠民措施,存在一定程度的抵触心理,普遍持有观望态度,使得这些措施难以落实。

开展积分制管理后,以积分为引导,开展各项讲座,村民的眼界逐渐开阔、思想逐渐开放,对镇政府的各项新鲜举措也从最开始的观望抵触变成了积极响应,农村生产合作社便是其中很好的代表事例。

农村生产合作社是镇政府推行的一项优秀的惠民举措。一方面,合作社可以引进各类农业人才、采购各类机械化设备,推动农业的科学种植和机械化生产,并将全镇资源整合,组织全镇农产品生产,很大程度避免了小农生产的各项弊端;另一方面,合作社可以与企业洽谈对接,通过批量化生产经营,提升农产品的议价能力,通过畅通生产销售渠道,扩大农产品的销售路径。

尽管合作社存在诸多好处,却改变了传统的生产销售方式,村民不能随心所欲自由种植,而是要在镇政府的统一管理下,按照规划种植各类农产品。在征求意见时发现,90%以上的村民持观望态度,并不打算参与其中。

岸堤镇政府充分发挥积分制管理的长处,前期利用"三会"、App 线上系统进行全天候宣传,尤其是着重宣传合作社的优点,后期通过积分奖励进行不间断引导,对于第一批响应的村民,给予大比重积分奖励,积分奖励比重随参与时间递减。同时,积分奖励也与村民参与程度相挂钩,对所有田地全部参与的村民,给予额外的大比重积分;对部分田地参与的村民,给予一定程度的鼓励积分。

在合作社推广的第一年,20%—30%的村民在积分引导下参与其中,这些村民将田地加入合作社试种,获得了大比重的积分奖励,并且通过合作社现代化经营,相比于自耕田地,试种田地亩均收入出现20%提升。在合作社推广的第二年,通过宣传第一年试种村民的事例,只需要少量积分奖励,甚至无需积分奖励,村民就自发地加入合作社。

在积分制管理引导下,合作社建设不断取得新成效,规模不断扩大。2022年,岸堤镇田家北村完成600余亩的土地流转,王山峪村清理杨树500余亩,并将清理后土地进行流转,用于合作社建设。

以积分制管理引领合作社的建设,不但给村民带来了实惠,让村民在合作社的参与中找到归属感、在合作社的建设中获得收益,村民收入不断提高,也给村集体、镇政府带来了实惠。合作社的统筹生产经营模式,让岸堤镇形成了一系列当地品牌的特色农产品,不但对当地进行了宣传,也增加了镇政府的税收。

(四) 党群关系不断提升

岸堤镇地处沂蒙山区腹地,作为革命老区,红色底蕴深厚,"党群同心、军民情深、水乳交融、生死与共"的沂蒙精神深深刻在岸堤镇的灵魂深处。随着全面脱贫攻坚任务的胜利完成,乡村振兴工作逐步展开,如何在新时代、新形势、新要求下进一步深化党群关系,成为一个重要的研究课题。

积分制管理,离不开基层党组织的领导,同时,在线平台的建立也对基层党组织提出了新的要求。村民可以通过在线平台进行评论,对镇政府、村集体的各项工作提出意见建议,对镇政府、镇各事业单位、村党支部进行质询监督。相关单位在收到评论后,需要在一周内给予回复,回复满意率与相关单位工作人员绩效直接挂钩。

积分制管理在线平台加强了党群联系,倒逼了基层行政能力的提升。村民的意见建议,使得相关党政机关更直接、更迅速、更全面地了解民意,在事前避免了拍脑袋想政策,在事中纠正了政策执行中的形式主义、官僚主义,在事后听到了群众的直观感受。另外,村民的质询监督使得相关党政机关的服务水平不断提升,群众满意度不断提高。

2020年至今,借助积分制管理在线平台,岸堤镇累计化解各类矛盾180余起,顺利解决了明峪村村民与矿山企业的矛盾纠纷、岸堤村内矛盾纠纷等长期矛盾;2021年底,社会治安满意度达98%,12345热线办结率在沂南县各个乡镇中名列第一,重办率明显下降,满意率不断提升。

五、总结

积分制管理是指在基层党组织领导下,对个人和家庭的日常表现和品德修养进行评价,通过民主程序,将评价转化为积分这一数量化指标,用奖分和扣分的形式进行全方位量化考核,并配套相应精神鼓励和物质奖励,形成的一套有效的奖励约束机制。

岸堤镇通过"三会"制度对积分制管理进行宣传推广,通过村民家庭档案和在线App系统进行执行、监督,通过各种福利待遇、资源分配、评先树优等激励措施进行引导,实现了积分制管理的落实。

积分制管理成果显著。开展以后,村民积极参加村集体公共事务,村容村貌显著提升,乡风不断文明向好,治理有效的新乡村的建设不断取得新成就。同时,借助在线平台,村民对基层党组织提出意见建议、进行监督质询,密切了党群干群关系,提升了基层党政机关的行政能力、服务能力。

全面脱贫攻坚后,随着乡村振兴的发展,乡村建设迎来了从民富到民强的新阶段,新阶段需要社会各方面都具备向上的力量。积分制管理让基层党委政府有了工作抓手,群众有了内生激励目标,在一分分的"量变"中,实现了乡村治理与振兴的"质变",小小的积分,作为乡村治理与振兴的坚实"砖石",筑牢乡村大治的"岸堤"。

致谢

本文作者对岸堤镇人民政府工作人员予以感谢,感谢他们在本文撰写中提供的各项便利;感谢岸堤镇镇长武玉华对本文提出的各项修改意见;对山东省委党校(山东行政学院)予以感谢,感谢其在本文撰写中提供的各项支持。

"地下车库的开放与合理使用"调研笔记

赵舸航

作者简介

赵舸航，江苏南京人，出生于1996年5月，北京大学数学科学学院2021届硕士毕业生，在校期间获得北京市优秀毕业生、北京大学三好学生等荣誉称号。毕业后选调至北京市，现任北京市统计局服务业统计处四级主任科员，在北京市社情民意调查中心基层锻炼。

摘　要：本文基于"地下车库的开放与合理使用"这一基层治理难题，结合调研经验，详细分析调研案例，总结基层治理工作成效，从违法停车治理、付费意识培养、资源合理利用等方面分析基层治理难点问题，结合调研切入点、接诉即办、民意调查工作提出对优化民生领域调查研究的思考。

关键词：停车难；基层治理；付费意识；社情民意调查

近年来，许多街道、乡镇基层管理单位通过系统谋划、内部挖潜、外部协调等措施，基于现有条件，努力克服城市空间不足等客观因素，不断改善居民停车环境，着力补强居民在生活便利性方面的短板。但是，有媒体报道，部分小区即使建有地下车库，也因种种原因而闲置不开放，导致周边停车难、停车乱等问题突出。

2022年2月，根据媒体反映的问题线索，按照上级部署，笔者作为调研团队成员赴全市多个社区，开展实地走访和座谈交流，与相关部门及属地工作人员、开发商、物业公司、居民等深入沟通，全面准确了解地库不开放的原因和矛盾点，学习成功开放地下车库小区的经验，以推动解决闲置地下车库开放为目标，寻找高效解决居民停车难题的方案。

笔者根据调研笔记,整理了相关个案情况,以旁观者的视角归纳总结了本工作中基层治理的工作成效及其难点,提出了推动解决车库不开放和停车难问题的意见建议,并结合社情民意调查、接诉即办等工作探讨了进一步优化民生领域调查研究的思路。

一、个案分析

(一) H 小区,车库长期未验收,遗留问题多

1. 基本情况

该小区位于城市西部,是一处回迁房小区,属于政策性住房。2014 年起,住宅部分投入使用,陆续有居民入住。每个片区有地上车位 100 余个。各片区均设置有地下车库,但一直未启用,居民停车存在困难,各片区都不时存在车辆占用消防通道、人行步道的问题,停车秩序混乱。为解决现实停车难题,属地为周边道路划定 800 余个停车位,建设临时停车场,解决居民当下之急。但居民希望地库启用的各项准备工作能够快速推进,彻底解决停车问题。

2. 实地观察印象

工作日下午,小区内部道路路侧已经停满车辆。小区内的地面集中停车位停放率达 90% 左右;小区外路侧的临时停车位有大量空位。

地下车库由蓝色围挡临时封闭,尚未开放,内部没有车辆停放。沿坡道步行进入其中一座地下车库,发现车库标识已经安装到位,内部照明设施、减速带、消防水管和消火栓等均已安装妥当,各类标线已经施划到位,目测基本具备开放使用的条件。其他相邻车库情况不详。

3. 问题及原因分析

该地下车库长期不开放,根源在于尚未完成验收,进而不能移交运营。小区及地下车库在建成后,需要完成多个验收环节,才能交付使用。由于该项目在前期规划等手续方面存在不完善之处,导致规划验收没有及时进行。近年来,随着治理更趋精细化,属地临时修建了垃圾分类设施、电动自行车充电设施等民生保障设施,用于提供民生服务,及时解决民生难点问题,但相应的设施并没有前期手续,对验收工作再次产生影响。

从车库的角度看,还需要进行人防验收和消防验收,这两个手续也在同步推动中。由于车库未开放的时间较长,一些设施年久失修,影响交付,后期维修

还需要大笔资金,计划先行垫付维修资金,后续通过车位租赁费来补充维修资金。

(二) S 小区,车库规模小,开放不解渴

1. 基本情况

S 小区位于城市东北部,建于 1999 年,属于按早期规划标准设计停车设施的小区,户均车位数很少,停车难问题十分突出。小区共有居民近 2 000 户,地面空间可停车 300 辆左右,其中固定车位仅 60 个;小区外路侧停车 240 辆,停车位缺口达到 800 个左右。目前的解决方式主要是借用小区附近断头路和周边公园固定停车场临时停车。未来,断头路通车后,路侧车位数量将减少,车位缺口将加剧。

2. 实地观察印象

小区北侧的断头路上,工作日白天停满 4 排车辆,两个方向各保留中间 1 条车道供停放的车辆行驶。小区附近是双向八车道的主干路,非机动车道上也划设一排停车位,基本停满车辆;夜间停车可能占用该主干路部分车道。在小区内部道路两边同样停满车辆,仅留出供 1 辆车通行的空间,停车压力较大。

地下车库所处的位置在小区的中央花园下方,用卷帘门封闭。该地库为建设时遗留的附属设施,车位仅 30 个,且年久失修,窗口的玻璃破碎,内部长期无人打理。车库门外有指示牌,写着"地下车库入口"和限高 2 米字样。

3. 问题及原因分析

由于小区规划较早,地面车位和地下车库的设计不能满足今天的需求。而由于长期的闲置,开放地下车库面临的矛盾有两方面:一是对车库的整修和维护需要一次性成本和长期成本,限于车库规模,每个车位需要平摊的费用较高,租赁费用远高于地面停车位的定价;二是从车位的分配上看,可能出现分配不公等问题。截至调研时,各方对地库开通后摇号的安排、具体方案还未达成共识。

对地下车库的车位,原计划通过出售以快速回笼资金,用于补贴后续维护成本。开发商与物业公司虽属于同一集团,但按照相关规定,开发部门收取的费用不允许直接补贴物业部门,物业部门在停车位问题上缺乏自主造血功能,因此不能简单通过出售来解决成本问题。

为了解决小区停车难问题,属地已经通过整修外部路面、联系附近停车场

等方式拓展居民停车空间。计划将现有的长满树木杂草的地方改建为地面停车场,设计100余个停车位,已通过调研了解附近居民意见,但仍需政府相关部门审批。审批通过后,需要一段建设周期,短期内停车难问题还将持续。

(三)D小区,产权车位销售存在困难

1. 基本情况

该小区为位于城市西部,属于安置房项目,于2019年至2021年分别交付。居民入住1年后,地下车库仍未开放,但内部照明设施、标志标线都已齐全。地下车库车位分为产权车位(用于销售)和人防车位(用于出租),合计4 000余个。其中,人防车位约占15%,已经全部租出;产权车位销售约10%。

2. 实地观察印象

经过前期工作,现场地下车库已经正常开放。小区为人车分离小区,小区内部地面仅供居民行走,车库出入口位于小区外。车库在地下共有2层,两层布局类似,地下1层已有一些车辆停放,地下2层车辆停放很少。

小区外道路双向各有1条行车道和1条非机动车道,设有全路段禁停的标志和"违法停车监测"的标牌,但非机动车道上已停满车辆。小区北侧道路较宽,但周边道路暂未通车,往来车辆较少,在工作日白天,道路两侧分别停满一排车辆。

3. 问题及原因分析

由于车位审批及销售的手续问题,与交房时间相比,车库延迟了1年左右交付。但是在交付之后面临居民在地面上违章停车以及产权车位出售困难等情况,为推进后续的工作带来了影响。主要原因是居民在地面上停车的治理问题难以根治。由于人防车位已经全部租出,而购买产权车位成本较高,从地面停车转到地下的产权车位意味着大笔资金投入,许多居民不能接受,对租赁车位的需求更大。从开发商角度来说,需要通过出售车位来覆盖成本,因此只愿意选取有限数量的车位用于出租。

二、基层治理的工作成效

停车问题是一项基本的民生需求,但停车位和停车服务通常并不是政府直接提供的公共服务,因此,在解决问题时,不能仅靠行政手段,还要平衡相关各方的利益,同时考虑有车群体和无车群体的诉求,这对基层治理能力提出挑战。

从调研情况来看,属地在前期能够及时参与协调各方利益,做到"把屁股端端地坐在老百姓的这一面",为推动解决问题发挥了直接作用。

(一)充分发扬基层民主,确保有意愿居民有效参与

召开居民协商会,邀请开发商、物业公司、业主参与,建立起促进自治、共治、法治的多元化社会管理模式,收集群众诉求,分析矛盾焦点,推动问题在早期和平解决。例如,一小区在属地的指导下组织召开业主协商会,由业主代表与物业公司就车位使用方案进行协商,形成"先尝后买"的解决方案,对其他相关问题也达成共识。

(二)密切沟通协调,疏通向上联络的各环节

调研发现,基层干部能够充分调动各方资源,千方百计解决群众诉求,与上级政府、相关部门密切沟通协调。例如,H小区属地与区规划部门保持沟通,建立历史遗留问题台账,有序推进手续问题合理解决;与消防部门、人防部门协调,明确验收标准和改进措施,确保消防及人防验收流程高效推进。

(三)不断开源,寻找系统性解决停车问题的方案

许多小区面临的"停车难"问题,主要源于周边空间有限,受到规划等方面限制,停车问题的可塑性小。但通过整合社会资源、从街道角度整体谋划,仍可以挖掘出一些潜在资源,为推动解决问题提供帮助。例如,S小区经过属地评估,在将周边断头路和公园停车场用于临时停车之外,还提出改建绿地停车场、在规划的幼儿园地下建设新的地下车库等方案,并开展前期研究工作,尽力为居民提供长期、稳定、便捷的停车服务。

(四)持续维护更广大居民群众的利益

"停车难"是有车一族的困境,而"停车乱"则影响全体居民。乱停车带来的交通拥堵、消防通道堵塞等问题和隐患,在停车难的区域内更容易发生。S小区的属地管理部门和物业公司不断加大疏导力度,配备挪车工具,加密巡逻频次,维持消防通道畅通,保障居民生命和财产安全。

(五)以公开促进各方理解与互信

在解决群众具体问题的过程中,唯有用更全面的公开性,才能更好化解群众的疑虑。例如,一小区属地督促利益相关方公开相应成本费用、利润情况,同时公开决策的流程依据、结论和下一步解决方案,论证了"收费不是为了挣钱,而是为了规范",得到广大群众的理解与信任。

三、基层治理的难点辨析

地下车库不开放问题涉及的环节多,背后是居民长期反映的停车难问题。在推动解决的过程中,更需要属地和各相关单位倾听群众声音,直面具体症结,推动问题的解决。从群众工作的视角来看,地下车库不开放问题反映的基层治理主要有以下几个值得辨析的难点。

(一)违规违法停车的风气与治理

对于新建小区,为了方便居民在地下车库交付前的过渡期停车,通常在新建道路与断头路上允许附近居民临时免费停车或优惠停车。在前期由于客观原因,不能向群众提供良好的停车服务,因此做相应的临时性措施是合理且最符合群众利益的。

当地下车库交付、断头路通车后,道路车流量增大,居民有其他停车方式可供选择,交通管理部门会对道路停车进行治理,通过禁止停车、划定路侧车位等方式,维护正常的交通秩序。同时,通过罚款等行政手段,确保相关要求得到落实。理论上的合理性并不意味着在实践中不会遇到困难,上述所涉及的部分小区就面临这种情况。属地管理单位联合交通队对相关情况进行查处时,就遭到了群众的阻拦,一些工作不得不暂停。前期培养的惯性,让部分群众依然坚持享受原有的服务,给维持正常秩序、维护付费停车人的合法权益带来了冲击和挑战。

调研的结果也证实了座谈中提出的这个情况。在实地考察中,部分小区涉及的断头路及小区周边道路上依然停满了各式车辆。即使交警已经设立了禁止停车标牌,在道路上施划了黄色实线,但是只要罚款等相应的行政手段不到位,就依然不能阻止部分居民在小区附近违停。

(二)付费购买服务意识的培养难题

在一些具体情形下,付费停车有其合理性。对停车场和停车设施的修理维护等工作需要资金,停车管理系统、道闸等设备也需要一笔一次性投入。为了确保相应的管理到位,还可能需要雇佣相应的安保人员、保洁人员。从成本的角度衡量,开放地下车库必然意味着成本的上升,也意味着需要有人承担相应的成本。从公平的角度来看,由需要使用地下车库的停车人来承担成本是最合理、最科学的。

属地在推进解决停车问题的过程中,主要负责配合群众工作,对车库运营方式和定价等具体问题征求居民意见。部分居民对是租还是售存在不同意见,在属地组织的座谈会上可以对此问题进行集中讨论。但居民和开发商之间可能存在关于定价的博弈,由于涉及的部分小区属于政策性住房,现有的定价标准已经考虑了政策性住房的性质和居民的承受能力,而政府基于民生方面的考虑,继续降价的可能性仍然存在,居民就仍然抱有降价预期,等待价格进一步降低也是部分居民的应对策略。

为了逐步培养群众付费停车的习惯,政府部门采取了循序渐进的措施,提供了不同形式的临时性停车措施以满足群众不同的需求。最常见的就是将部分原计划出售的产权车位以临时租赁的形式提供给需要租车位的群众,在解决短期的需求的同时,也给群众考虑购买车位的机会。

然而我们需要意识到,虽然上文提出了科学的缴费模式,但是由于对收费标准、定价方式等方面仍然存在意见不统一,群众和物业公司、开发商等之间也仍然存在分歧,主要体现在:一是车位是租还是售,二是对车位出售的价格和定价依据,三车位租赁的费用和管理费的标准。很多时候居民和开发商、物业公司之间的分歧源于双方信息的不透明、不公开和不流动,居民对开发商、物业公司收费的标准和相应的利润空间并没有明确的把握,因此不能理解开发商、物业公司收取相应费用的依据。

(三)合理运用有限资源的困难

近年来,"共享车位"等全新停车理念正为解决停车难题提供新的方案。一些街道统筹谋划区域内停车位资源,研究对区域内写字楼、商场等公共停车空间及政府机关、国有企事业单位等专用停车场开展有偿错时共享,取得良好成效。共享车位在现有条件下为存在停车难的地区提供了一定数量的车位,但地理位置分布不均的现实仍然存在。居民使用汽车时对便捷性要求较高,如果停车位距离住处超过1千米,或必须限时停放、超时挪车,就会影响居民体验,进而影响使用。因此,即使对停车位有良好的统筹安排,也无法克服地理位置的限制。

当可用的停车位资源有限时,如何公正分配成为难点。基层治理的实践体现出该问题的复杂性。当属地通过开源的方式获得了新的车位后,制定科学合理、群众认可的分配方式十分重要,也是基层在开展工作中需要重点关注的方面。一旦分配方式不科学、不合理、不透明,就会带来质疑,给群众造成更大的伤害。对此,必须树立严格的规矩意识,通过更广泛的信息公开,维护好公平公正的基层治理秩序。

四、车库问题的基层解决方案

结合案头研究和调研收集的"活情况",调研团队以开放闲置车库为抓手,整体谋划停车问题,提出意见建议。市级层面,主要围绕推动工程验收进程、允许对闲置土地调整规划和再利用、做好对产权单位的业务指导等方面提出了意见建议。基层层面主要可以在以下方面进一步提升服务质效。

(一)形成协调议事的机制

来自居民的意见看法对基层治理而言十分关键。随着居民民主意识的增强和接诉即办机制的深入人心,越来越多的居民愿意在事关切身利益的问题上发表看法、提出意见建议。作为基层管理单位,应当在听取居民意见的方面主动作为,建立具有广泛代表性的居民自管会实现居民协商自治管理,建立议事平台,通过座谈协商、入户调查等方式,听取更广大居民群众的意见。

(二)培育居民付费购买服务意识

以地下车库停车、老旧小区改造为代表的民生服务项目,对改善居民实际生活品质发挥了重大作用。在推进这些服务的过程中,政府通常已经给予部分资金支持,主要落实在前期投入方面。但这些服务是长期工作,对长效管理机制的建设既需要各方的密切配合,又需要受益者支付合理费用。在工作过程中,基层要主动督促相关单位公开成本等信息,论证居民需要承担的价格的合理性,按照"谁受益、谁付费"的原则,逐步培养居民花钱购买服务意识,避免后期失管和资源浪费,促进成果长期惠及更广大群众。

(三)提高社区服务水平

加强社区服务,提升服务功能,这是习近平总书记对社区工作提出的重要要求。近年来,基层社区在疫情防控等工作中发挥关键作用,成为连接群众与政府的重要桥梁,"有需要,找社区"逐步受到居民认可。基层组织为居民提供良好的服务,可以大大提升居民的幸福感和满意度。既要配合相关部门做好违法停车的整治工作,又要给居民解决停车难题提供合理选项,注重标本兼治,让百姓感到社区就在身边、服务就在身边。

五、优化民生领域调查研究的思考

近年来,市委、市政府对民生工作的关注度不断提高,居民生活各领域都得到广泛重视,许多长期困扰群众的问题得以解决,许多急难愁盼问题不再是居民的烦心事、糟心事。这都是建立在以接诉即办为主要抓手的民生工作机制上,建立在相关部门对民生工作强有力推动的基础上。统计部门通过社情民意调查和民情调研等多种方式对相关工作的成效进行了长期跟踪,也见证了市委、市政府开展民生工作的质效不断提升。

(一)牢牢把握调研工作的小切口

民生领域的调查研究形式多样,内涵丰富。更具体的切入点更能反映居民的切身利益。以停车难问题为例,地下车库已经建成,对居民而言,距离开放和化解停车难题仅仅"一步之遥",是只要密切协同配合,就能够推动解决的关键小事。以此为切入点开展调研,了解具体工作中的难点堵点,把调研成果落实到行之有效的方案上,推动长期问题解决。

全市民生领域涉及"七有""五性"各方面,值得关注的领域很多。但作为综合部门,要把目光聚焦更精细的领域,掌握更具体的现实情况,把分析研究的视角聚焦到群众更关心的急难愁盼问题上。市属主要媒体反映的重点领域民生问题线索、互联网自媒体的报道、社交平台上的群众观点,都为开展调查研究提供了丰富的信息源,应当充分运用。

调研工作的切口虽小,但往往是长期难以解决、推动比较困难的复杂问题。要以见微知著的标准,完整调查整个问题的来龙去脉,通过整理归因图、相关单位清单的方式,寻找解决问题的思路,在解决问题时做到多部门协调联动。调研过程中应当广泛听取各方意见,梳理问题基本情况、存在的问题、已采取的措施、面临的困难、意见建议等信息,综合分析,还原问题的全貌,在提出意见建议时有的放矢,发挥好参谋助手作用。

(二)与接诉即办等民生领域的重点工作形成合力

接诉即办是市委、市政府近年来大力推动的民生重要抓手,也是坚持以人民为中心发展思想的生动实践,考验的是党员干部的为民情怀、服务群众实效和治理能力水平。"民有所呼,我有所应"已经成为城市基层治理的重要特点。群众工作的难度,很多时候体现在居民意见的众口难调,例如老旧小区加装电梯的工作中,不同楼层、不同年龄的居民对电梯的需求各不相同,协商的难度可想而知。因此,通过了解群众的个性化诉求,接诉即办在解决大部分民生问题上可以发挥良好的作用。

接诉即办工作是居民意见的集中反映,在他们的意见背后,还存在着并没有表达意见的"沉默的大多数"。群众工作的出发点和落脚点一定是群众的利益。在基层开展具体工作时,也应当考虑到相关举措实施后的民意情况,评估执行效果,力求让最广大的群体获益。在处理群众间分歧,特别是涉及群众切身利益重新分配时,要特别关注群众对具体问题感受不同的可能性,把问题考虑得更深一点。

从接诉即办到"未诉先办",是接诉即办工作改革的重要内容,核心是要及早发现群众诉求,提前谋划。对于地下车库不开放等周期长、涉及面广、成因复杂的问题,由于问题的存在时间已久,可能无法通过一两次"接诉"就办理妥当,所以更应把工作做在平时、做在诉前。通过开展走访调查等方式,向不同群体了解具体民生诉求,提高重视程度,提前与相关部门评估成因,快速形成解决方案,提高"未诉先办"的实效。

(三)点面结合,实现数据与"活情况"的有效衔接

统计部门在社情民意调查方面长期积累,有着独到的经验。在基本公共服务、社区治理、美好生活需要等民生重点领域,通过对全市居民的分层随机抽样,借助电话调查、面访调查等形式,可以了解全市大数,分析整体情况,例如居民对具体民生工作的满意度、不满意的具体原因、对工作的意见建议和诉求等。

为了便于在民意调查中汇总受访者的观点,通常,对于意见建议等需要居民表达意见的问题,多采用半开放题的形式,即将问题设置为单项选择题或多项选择题,由问卷设计者结合案头研究、前期调研、问卷试访过程中收集的信息,设置一定数量的具有代表性的选项备选。同时,保留"其他(请注明)"的选项,给有意见或诉求的群众提供表达的空间。

问卷调查的非对话性质并没有为受访者提供更开放表达意见的机会,因此,在调查实施后,对部分意见观点鲜明、有意愿接受进一步调研的受访者,可以组织电话深度访谈,进一步了解群众面临的具体情况,收集更多鲜活、具体的民情民意。在后期的分析研究中,除了协助推动解决受访者反映的具体个案,大家更应把视角放回整体工作中,从全局考虑,分析评估受访者所代表的一个

地区、一种人群的特点,点面结合,举一反三,促进相关制度机制和整体规划的健全完善。

六、结语

党的二十大报告指出:"治国有常,利民为本。为民造福是立党为公、执政为民的本质要求。必须坚持在发展中保障和改善民生,鼓励共同奋斗创造美好生活,不断实现人民对美好生活的向往。"这是党中央对增进民生福祉、提高人民生活品质作出的重要要求。作为民生领域的统计工作者,我们将持续做好民生领域的调查研究,努力洞悉真实民意,通过数据和"活情况"为党委政府做好民生工作提供决策依据,推动提升民生服务质效,让人民生活更加幸福美好。

创新探索基层治理现代化的"双线融合"机制
——兼议成都信托制物业的制度优势和落地保障

陈 陶

作者简介

陈陶,四川德阳人,出生于1996年6月,北京大学法学院2018届本科生,2021届硕士研究生,在校期间多次获得北京大学三好学生等荣誉称号。毕业后选调至四川成都,现任成都市法学会三级主任科员,在成都市简阳市江源镇红台村驻村锻炼,任党委书记助理。

摘 要:本文以信托制物业为切入点,通过剖析物业"信托"法律关系的制度优势,总结发挥党的领导优势推动基层治理见效的切实举措,进一步思考完善党建引领与法治保障"双线融合"的基层治理路径,为构建党领导社会治理现代化的工作机制探索原则路径、创新方式方法。

关键词:基层治理;物业纠纷;信托制度;社会治理现代化

党的十八大以来,以习近平同志为核心的党中央作出推进国家治理体系和治理能力现代化的重大部署,着力打造中国特色社会主义社会治理现代化体制。其中,基层社会治理由于效能直接体现民众需求与利益的满足,关乎民众对公共权力的认同,影响社会秩序与发展的有机统一,是推进社会治理现代化重要任务之一。党的二十大更进一步明确提出"健全共建共治共享的社会治理制度,提升社会治理效能",尤其是"完善网格化管理、精细化服务、信息化支撑的基层治理平台"。

本文关注到我国城市化进程中突出的基层治理难题——物业纠纷,[①] 试以成都市近年来以信托制物业为抓手推进基层治理、化解矛盾纠纷的实践为切入点,深入剖析信托制物业取得突出基层治理成效的根本原因,从而为完善现代化基层治理体制、推进基层治理现代化提供经验参考。

一、物业服务法律关系的信托法构造

信托制度,是英美法系衡平法的创造性制度,主要是指委托人将信托财产转移给受托人,指示受托人为了受益人的利益,管理和处分财产。

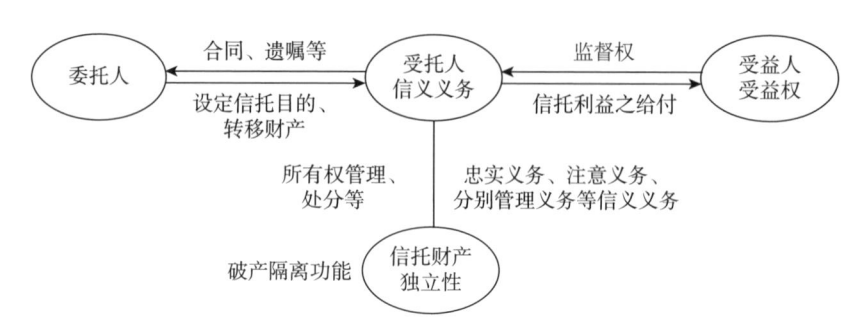

图 1 信托法律关系基本框架

信托在实践中运用广泛,主要分为民事信托和商事信托两类。信托制物业即属于民事领域信托制度的应用:突破传统物业服务"包干制"或"酬金制"的合同法律关系框架,创新构造以业主"共有基金"为信托财产、业主大会为委托人、物业公司为受托人、全体业主为受益人的物业服务信托法律关系。

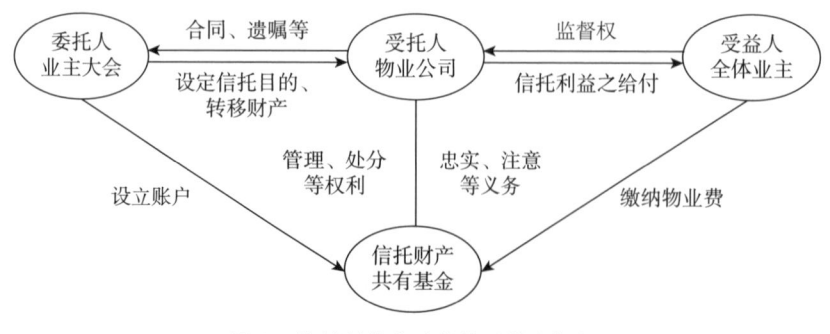

图 2 信托制物业法律关系基本框架

---

① 以成都市为例,2019 年城镇居民小区 2 万余个,全市网络理政平台反映的物业管理问题高达 63 409 件。

（一）信托财产

信托财产是信托标的物，是信托成立的主要要件。信托制物业合同中，信托财产被定义为"受托人在名义上占有并经营,本物业管理区域的全体业主为实际所有人,享有财产权利和收益",范围包括各类业主共有基金和小区共有财产及相关财产权利等,并约定开立"独立于受托人固有财产或他人财产之外的单独账户进行持有和管理",通过技术手段设置"双密码",查询密码向每位业主公开,取款密码则由受托人管理。

（二）信托当事人

1. 委托人

委托人是按照其意愿和目的设立信托的人。信托制物业下的委托人为小区"业主大会",即按照我国《民法典》物权编规定享有小区建筑物区分所有权的民事主体。业主委员会作为委托人选举出来的常设机构,与物业公司签署信托合同,从而设立信托。信托制物业合同约定,业主大会及业主委员会享有知情权、委任权、诉讼权等多项权利以确保信托按照设定目的良好运行。[①]

2. 受托人

受托人是接受委托人委托,依信托目的为受益人的利益对信托财产进行管理或者处分的人。信托制物业下的受托人是指经过小区业主大会选任的执行信托事务的物业服务企业及其继任人。

通常认为,受托人基于信赖关系取得信托财产"名义所有权",负有遵守信托文件规定,为受益人的最大利益处理信托事务的"信义义务",包括忠实义务、注意义务等。信托制物业合同约定,受托人享有按照约定获取报酬、对信托财产采取相应管理和经营行为的权利,但同时需履行维护受益人利益、良好记录、公示资料、在诉讼中提供证据、按照要求辞任并交接等义务,且物业服务内容、质量标准、预算编制等都有详细约定。[②]

3. 受益人

受益人是在信托中享有信托受益权的人。信托制物业下的受益人是指小区的全体业主及其继承人和在本小区居住的全体居民,即全体业主和租户。其

[①] 我国《信托法》突出委托人的地位,保留多项权利。
[②] 参见成都市发展经济促进会发布的《住宅小区（院落）信托制物业服务指南》团体标准。

受益权具体而言,包括接受物业服务、分配信托利益、提出建议、知情查阅、提起诉讼等。信托制物业合同约定受益人应履行服从管理以及按时缴纳物业费的义务。

(三)信托监察人

信托监察人并非必要的信托当事人,是指根据委托人或公益事业管理机构的指定而承担维护受益人利益的职责的人。① 信托制物业合同规定,小区所在社区党组织成员、居民委员会成员、会计师等均可作为监察人,按照法律规定享有为维护受益人的利益采取法律行为、审核年度报告、审核清算报告等权利。

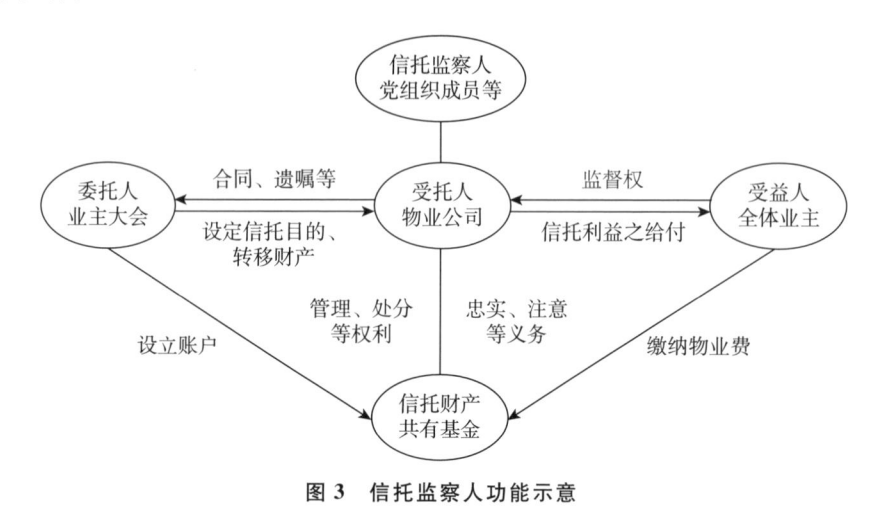

图 3 信托监察人功能示意

二、信托制物业的制度功能优势

信托制物业模式自 2008 年提出后,学界支持和批评的声音争论不休。从实践效果来看,2019 年以来,信托制物业在成都 200 余个小区试点,物业矛盾纠纷同比减少九成以上,物业服务满意度、物业缴费率普遍提升到 90% 以上,取得了业主满意、物业公司满意、基层治理顺畅的"三方共赢"良好效果,先后获评全国落实"六保"任务创新案例和全国市域社会治理创新优秀案例,并入选全国"枫桥式工作法"。

---

① 该制度起源于日本,除我国信托法外,相关制度可见日本原《信托法》第 8 条,韩国《信托法》第 18 条第 1 款。

笔者认为,信托制物业化解物业纠纷效果明显的根本原因,在于正视了业主大会、物业公司和个体业主之间的应然法律逻辑——以信托法律关系明确小区公共财产权属,理清三方当事人权益边界,为矛盾纠纷提供依法化解渠道,在法治轨道上运行物业管理财产所有权、管理权和受益权。

(一)明晰物业费和公共收益归属业主的所有权定义

《中华人民共和国民法典》第二百八十三条明确规定物业管理活动中"费用分摊、收益分配等事项",住宅专项维修资金、小区居民缴纳的物业费、小区公共部分经营收益等本质上都是小区管理的成本与收益,具有全体业主共有共管特征。但实践中,相较于专有部分,业主往往对小区公共部分所有权的收益处分含义缺乏认知。包干制、酬金制物业模式下物业公司对上述财产强势掌控,易产生权益归属的"灰色地带",实践中物业费收支不清、小区公共收益被侵占等问题突出。

但在信托制物业下,业主是小区公共财产权的剩余索取人这一基本逻辑被充分彰显。按照《中华人民共和国信托法》第七条的规定,委托人在设定信托时必须拥有一定数量的财产,并对该财产享有所有权。换言之,只有业主对财产享有包含处分和管理在内的所有权,才能将其设定为"信托财产"并交给受托人。

通过还权于业主,信托制物业充分提示业主了解自身权益构成,提高权益维护意识,从而产生警示作用,从源头减少无良物业公司侵害业主权益的行为发生。

(二)理清业主居民与物业公司的信托应然逻辑

现有观点从"利己"和"利他"角度分析各主体之间博弈,认为信托制度下业主和物业公司互为利他,充分建立信任,从而实现了合作共赢。但笔者认为,"信任"不能无中生有。从经济学理性人假设出发,信托制度对业主大会、物业公司、业主居民的法律身份准确定位,对权利义务边界恰当规范的"赋能+归位"功能,才是夯实业主居民与物业公司之间的信任、有效化解物业纠纷的最牢靠基石。

将小区物业交由专业公司进行管理而非业主亲自上阵,是业主在成本收益衡量之后的合理选择。经济学上将此现象称为"委托-代理",即一方当事人

(委托人)的福利依赖于他方当事人(代理人)的行为。① 信托法律关系尽管牵涉三方,但同样符合"委托-代理"特征,委托人将信托财产交给受托人,受益人的受益权实现与否取决于受托人的履责程度。②

"委托-代理"关系中,由于代理人更充分掌握履行相关信息,有动机采取投机行为,降低所许诺履行的质量,甚至把本属于委托人的权益转移给自己,此种行为导致委托人权益的减少,委托人寻找和监督代理人所做支出被称为"委托—代理成本"。法律制度是降低代理成本的有效策略之一。信托法对各法律主体,尤其是受托人负有信义义务的规定,实质是以国家强制力保障信托框架下的代理人为委托人利益行事。③

在此基础上理解信托制物业,其主要功能是清楚界定了各个法律主体的权利边界。委托人层面,业主大会须在信托设立之时将信托财产交付受托人,但可对受托人是否实现其设立信托目的采取各种监督手段以降低代理成本。受托人层面,物业公司为业主管理物业财产,可基于所提供管理服务按约获取报酬,但应当在法律规定和信托文件约定限度内行事,最大限度维护业主居民的财产权益。对受益人而言,小区居民作为物业财产权益的实际享有人,其请求收益分配、监督物业公司、查询账户等权利设置皆为降低代理成本;为确保有足够信托财产维持信托正常运转(包括支付受托人报酬),受托人需要承担归集信托财产的义务。④

物业服务场合下各方当事人的权利义务边界被清晰界定,一旦发生矛盾纠纷,能为孰是孰非判定提供"标尺",为公平公正处理纠纷、化解矛盾提供充分保障。

(三)提供物业矛盾纠纷有效化解的法治路径

由于业主居民势单力薄、维权难度大,物业公司自恃信息优势态度强势,中立组织介入化解机会少等原因,实践中物业纠纷不理智维权现象高发,引发社会关注,带来很大维稳压力。笔者认为,信托制度有利于畅通各方当事人的维

---

① 区别于民法上狭义的委托代理关系。
② 可类比典型的公司制度。
③ 可类比公司法对股东、董事高管权利义务的规定。
④ 类似公司法规定的股东出资增资义务。

权路径,推动在法治框架下化解矛盾纠纷。

从业主维权角度,在业主权益受物业公司侵害场合,传统物业管理模式下,由于签订合同的是业主委员会(代表业主大会)和物业公司,业主个体并非合同当事人,诉讼方式仅适用于群体维权场合,单个业主并无诉讼权利。信托关系下,单个业主居民可以信托受益人身份提起诉讼,依法维权渠道被打通,促使物业纠纷在司法可控范围内"处置在小、处置在早",避免矛盾不断被激化,事态不断升级。

从物业公司维权角度,一旦出现物业纠纷,业主居民往往采取拖欠物业费的手段对抗,物业公司催缴效果有限,除非"摆烂"或解除合同,否则不足以弥补亏损。信托制度下,物业费作为信托财产重要来源,不仅指向物业公司提供物业服务所获"对价",大部分还是受托人为全体受益人提供物业管理所支出的成本。个别业主拖欠物业费的行为,不仅损害受托人获取报酬的权利,也影响其他受益人平等享有信托受益权。因此,其他业主有动力和物业公司一起催缴,甚至提起诉讼以提高催缴效率,从而增强受托人管理服务积极性。

而从基层治理化解纠纷角度,过往实践中,基层政府、社区等行政力量或律师、会计师等专业力量往往缺乏介入空间,难以提前察觉侵害行为或帮助受侵害主体依法维权,矛盾化解效能不强。而信托制物业创新设置信托监察人角色,可以在财务资料审查环节尽早发现问题、向人民法院提起诉讼,推动依法解决纠纷,充分发挥社会和专业监督力量来依法防范并化解矛盾冲突。

三、信托制物业的党建引领落地保障

法律的最大作用是定分止争,但基层治理不能光有制度的"空中楼阁",落地落实环节须得下更大功夫。信托是一种复杂且灵活的"舶来"法律制度,常见于有专业机构参与的金融、商事领域。如何让普通民众和物业公司理解并接受信托,是信托制物业推行的最主要障碍,也是发挥信托制度功能的最重要前提。

笔者认为,信托制物业得以在成都落地的最主要原因是成都市坚持党建引领,以党的领导力量为核心,在宣传、推动、导入、运行、监督等各个环节发挥基层党组织的战斗堡垒作用和党员同志的先锋模范作用。

（一）党组织全覆盖，建强治理力量统筹基础

发挥党对基层治理的引领作用，基础性工作是实现党组织对治理力量的全覆盖。在这一层面上，成都市所做努力包括：推动小区基层党组织建设，全市5 511个物业管理小区党组织覆盖率100%，2.1万个老旧小区党组织覆盖率达50%；推动物业公司成立党组织或将公司项目部党员纳入小区党支部，形成联动体系；完善党员参与渠道，在小区开展"找党员、亮身份、做表率"活动，提高业主委员会中党员比例，鼓励党员"双报到"，在小区公共事务中积极发挥作用。

党的组织网络全方位覆盖小区治理力量，党组织网络与小区治理结构协调同步，切实发挥党统筹治理力量的功能，筑牢组织动员党员和群众推进治理体制改革的基础。

（二）党领导推工作，找准治理难题破解关键

为解决物质性和主体性资源禀赋弱的主要问题，我国基层治理逐步从行政力量主导走向多元力量共治。党的领导力主要体现在以党的组织为核心，领导、激活、调动群团组织、社会组织等多元力量参与治理，破解基层治理工作难题。在信托制物业落地上，基层党组织充分发挥各种优势，引导破除障碍。

发挥党密切联系群众的优势凝聚共识。党组织牵头邀请专家学者到社区，编制手册指南，利用"三会一课""专家会客厅"等活动强化党员培训，并通过"摆龙门阵"、上门走访、微信群发声、院落坝坝会、居民议事会等群众喜闻乐见的方式进行宣传，奠定充分理解认同信托制度的群众基础。

发挥党凝聚各方和智慧众筹的优势制定信托方案。聚焦物业矛盾突出的小区，深入小区党员、离退休老同志、居民骨干中开展调研，掌握问题，组建专家力量对小区经济收入、建筑物现状、自治活力、管理规约、治理架构等各方面情况全面评估，[①]厘清小区发展脉络，找准病灶所在，对症施策确定方案。

发挥党充分整合要素资源的优势找准落地支点。结合小区发展实际，推动社区两委、业主委员会、社会组织、社会企业、街道等各种治理要素发挥功能，找

---

① 具体参见中共成都市武侯区委社区发展治理委员会牵头编制的《信托制物业服务指南》。

准一个导入支点,协同其他治理力量参加,①以效能最大化为导向整合治理资源,撬动"问题小区"的治理难题顺利破解。

(三)党创新优服务,打破治理机制区隔壁垒

每个参与社会治理的主体的运行机制不同。党的领导作用体现在创新完善机制从而打破壁垒,使治理要素之间的互动和联系有机化,推动治理形态持续升级。信托制物业落地过程中,各种治理机制在党的领导下被不断优化。

在党的引导下强化业主自治机制建设。在小区党组织的监督下,抓住筹备业主大会、修改管理规约、制定议事规则、选任业主委员会、谈判信托合同、编制小区预算等节点,②规范小区居民自治运行机制,从信托导入环节培养业主主体责任意识,强化信托制度精准赋能、恰当归位的功能发挥效用。

在党的组织下规范物业公司竞聘机制。小区党组织主导加强对物业公司竞聘资格审查,并组织书面提交材料和现场演讲答疑等形式,向全体业主居民全方位展示物业管理人服务水平。物业公司竞聘全过程规范化公开,保证受托人的选择结果得到最大程度认可,受托人的后续履职得到最大程度监督。

在党的牵引下强化信托长效监督机制。通过党组织成员担任信托监察人,小区党组织对信托制物业实现常态长效监督,以提起诉讼的方式协助业主居民监督物业公司履职。通过年度报告审核等方式及时注意苗头性、倾向性问题,确保信托制物业落地运行始终在党的领导和监督下展开。

业主、物业公司、第三方力量参与的治理机制在党的领导下得到优化,并通过信托制物业的框架有机统一起来,各种治理功能叠加升级,实现治理效能最大化。

四、双线融合的基层治理路径思考

就社会治理现代化方面,以习近平同志为核心的党中央主要从政治引领、法治保障、德治教化、自治强基、智治支撑五个方面提出新要求,为基层治理提供了根本遵循。尽管相较于其他物业管理模式,信托制物业推广时间并不长,

---

① 以上述不同支点推动"信托制物业"落地的案例典型为武侯区玉园小区、美领居小区、映月花园小区、风华苑小区、兴元嘉园小区。
② 具体参见中共成都市武侯区委社区发展治理委员会牵头编制的《信托制物业服务指南》。

施行范围并不大,但其目前不仅在成都方兴未艾,而且有多地正在尝试学习引进。笔者认为,信托制物业的基层治理功能构建了党建引领落地和信托制度规范协同发力的双线融合路径,着力发挥政治引领和法治保障作用,并着眼基层治理一同强化自治强基作用。

第一,积极探索把党章中提出的社区党组织领导本地区的工作和基层社会治理的要求具体化的路径,使信托物业实施过程成为基层党组织提升政治领导力、思想引领力、群众组织力、社会号召力的过程。第二,充分挖掘现有法律制度理顺基层治理关系的巨大潜力,发挥民法典、信托法等中国特色社会主义法律固根本、稳预期、利长远的作用,畅通"良法"通向"善治"桥梁。此外,着力增强基层群众自治制度活力,形成共有共建共治共享的小区治理共同体,把基层社会共治同心圆画大。

与此同时,笔者认为,继续从以上五个方面思考,在物业纠纷领域要进一步推广信托物业,此种双线融合路径仍不能称为完美。例如,物业信托的制度设计还有许多可以改进的空间,"信义义务"蕴含的诚信规则约束力还需要持续强化,物业信托统一登记平台的建设和智能化应用还有待深度开发等等。以上这些改进方向,不仅需要党建和政法相关部门继续协同发力,还需要文化宣传部门参与德治教化、数据信息应用部门参与智能建设等等,真正构建起在党的领导下多线融合的现代化基层社会治理工作机制。

成都信托制物业所构建的党建引领协同法治保障的双线融合路径,是我国地方政府对党领导下的基层治理体系现代化进行积极探索的佳例,其突出的治理成效值得各个治理领域借鉴思考。进一步完善制度设计,进一步协同多种治理力量参与,真正从双线融合走向多线融合,把"五种治理"基本方式贯彻到底、落到实处,不仅是信托制物业深入发展应努力的方向,也是推进中国特色社会主义基层治理现代化,构建现代化基层治理体制的必经之路。

参考文献

[1] 习近平.习近平谈治国理政(第三卷)[M].北京:外文出版社,2020.
[2] 习近平.习近平谈治国理政(第四卷)[M].北京:外文出版社,2022.

[3] 何宝玉.信托法原理与判例[M].北京:中国法制出版社,2013.

[4] 赵廉慧.信托法解释论[M].北京:中国法制出版社,2015.

[5] 许德风.破产法论:解释与功能比较的视角[M].北京:北京大学出版社,2015.

[6] [美]莱纳·克拉克曼等.公司法剖析:比较与功能的视角(第2版)[M].北京:法律出版社,2012.

[7] [美]弗兰克·伊斯特布鲁克等.公司法的经济结构[M].北京:北京大学出版社,2005.

[8] 郑长忠,杨景明.社会转型与城市基层治理形态演进——以上海市静安区临汾路街道的实践为例[M].上海:复旦大学出版社,2018.

[9] 陈幽泓.《民法典》后视野:物业管理资金的业主共有性质与物业管理模式的制度探源[J].住宅与房地产,2021,(16):28-30+33.

[10] 徐迅.海市蜃楼的幻景:物业管理权信托制评析——兼与物业管理信托制度的倡导者商榷[J].现代物业·新业主,2008,(9):39-41.

[11] 李佳晓."公共收益归全体业主所有"该如何落地[J].中国房地产,2021(16):61-64.

[12] 舒可心.不能让良心的行业变成逐利的产业——重构物业管理理论体系,回归物业管理本来的常识属性[J].住宅与房地产,2022,(1):58-64.

[13] 舒可心.从冲突走向善治——信托制物业服务的运行逻辑及其实践[J].住宅与房地产,2021(10):68-74.

[14] 舒可心.试论住宅建筑物业管理的"公司制"与"信托制"体系及其派生模式[J].住宅与房地产,2021,(31):68-73.

[15] 陈凤山.立法与实践:从物业管理到物业服务的理论重构之浅谈[J].住宅与房地产,2022,(01):25-29.

[16] 陈凤山."双重悖谬"及其解决方案的优先策略——兼谈我为什么对"信托制物业管理"持批评态度[J].住宅与房地产,2019,(10):70-72.

[17] 陈剑军.城市住宅小区物业管理立法思考(二)——业主的知情权[J].住宅与房地产,2015,(7):74-76.

[18] 陈剑军.走向共同体治理(二)——通过信托制将小区物业管理纳入社会治理[J].住宅与房地产,2020,(10):77-80.

[19] 李威利,马梦岑.党建赋能的城市社区发展治理:成都经验[J].华东理工大学学报(社会科学版),2020,35(05):13-26.

[20] 陈藻."信托制物业"服务融入基层社会治理的创新研究——以成都市武侯区为例[J].中共四川省委党校学报,2021,(02):100-108.

[21] 陈一新."五治"是推进国家治理现代化的基本方式[J].求是,2020(3).

[22] 孙柏瑛,胡盼.城市社区物管"信托制"实验:行动目标与行动路线[J].学海,2022,(04):30-37.

[23] 吴晓林,谭晓琴.以时间换空间:基层治理政策创新的"时空适配"机制——对成都市"信托制"物业治理的考察[J].公共管理学报,2022,19(03):123-135+174.

[24] 陈丽英.成都探索"信托制"物业 破解"包干式"弊端[N].中国社区报,2021-3-30(4).

[25] Ross S. The Economic Theory of Agency: The Principal's Problem. *American Economic Review*, 1973, (63), 134-139.

[26] 赵廉慧.业主-物业关系的困局为何难解?为何需要信托制物业?[EB/OL].(2022-8-13)[2022-8-30].https://mp.weixin.qq.com/s/SHHk8xxrRVM633fjU59Bww

乡村振兴的法治化
——解读《乡村振兴促进法》

刘 珺

作者简介

刘珺,内蒙古乌兰察布人,出生于1997年1月,北京大学法学院2022届硕士毕业生。毕业后选调至内蒙古,现任内蒙古自治区人大常委会办公厅四级主任科员。

摘　要：党的二十大报告强调要全面推进乡村振兴,全面推进乡村振兴以《中华人民共和国乡村振兴促进法》(以下简称为《乡村振兴促进法》)为法治保障。乡村振兴法治化是乡村治理法治化的体现,乡村治理法治化是全面推进依法治国的要求,是建设中国式现代化的要求。

《乡村振兴促进法》是对《中共中央　国务院关于实施乡村振兴战略的意见》《关于加强法治乡村建设的意见》等政策性文件的法律化,以党、政府、村民委员会、乡村社会组织和村民为法律主体,呈现法律效力较高、内容概括性和指导性较强、主体众多、直接适用性较弱等特征。

《乡村振兴促进法》以习近平法治思想和全面实施乡村振兴战略为指导思想。制度规范纵向上包括从中央到乡镇的党和政府职权职能规范；横向上包括五大法律主体之间的权责关系规范,以及特殊的监督检查制度规范；具体内容包括产业振兴、人才振兴、文化振兴、生态振兴和组织振兴,以及城乡融合发展、完善社会保障和加大财政金融扶持力度等辅助性制度。

乡村振兴法治的实施应当以政策为导向,加快推进乡村振兴法律体系化,促成乡村振兴法律汇编,做好乡村振兴各规范性文件间的衔接统一,加大普法宣传,让乡村振兴法治观念深入基层干部和群众的内心。

关键词:乡村振兴;乡村治理法治化;乡村振兴法治化;乡村振兴促进法

一、乡村振兴法治化的背景

(一)乡村振兴与基层治理

1. 乡村振兴的背景

自党的十九大报告中首次提出乡村振兴战略后,乡村振兴始终是党的工作重心。"实施乡村振兴战略"在党的十九大报告中首次提出;2018年1月出台《中共中央 国务院关于实施乡村振兴战略的意见》;2018年9月,中共中央、国务院印发《乡村振兴战略规划(2018—2022年)》;2021年2月召开的全国脱贫攻坚总结表彰大会上,习近平总书记指出"乡村振兴是实现中华民族伟大复兴的一项重大任务","全面实施乡村振兴战略的深度、广度、难度都不亚于脱贫攻坚"。

党的二十大报告指出:"全面推进乡村振兴。全面建设社会主义现代化国家,最艰巨最繁重的任务仍然在农村。坚持农业农村优先发展,坚持城乡融合发展,畅通城乡要素流动。加快建设农业强国,扎实推动乡村产业、人才、文化、生态、组织振兴。全方位夯实粮食安全根基,全面落实粮食安全党政同责,牢牢守住十八亿亩耕地红线,逐步把永久基本农田全部建成高标准农田,深入实施种业振兴行动,强化农业科技和装备支撑,健全种粮农民收益保障机制和主产区利益补偿机制,确保中国人的饭碗牢牢端在自己手中。"全面推进乡村振兴是建设中国式现代化的重要组成部分。

2. 当前乡村治理的问题

改革开放以来,我国的城乡人口流动以农村人口向城市人口流动为主,且农村之间的人口流动较少,因此当前我国农村仍然具有一定的熟人社会特征。在这种社会中,一切普通的标准并不发生作用,一定要问清了对象是谁,与自己什么关系之后,才能决定拿出什么标准来。乡村社会中政治权威与法治权威相对欠缺。

当前我国乡村基层治理中,"上面千根线,下面一根针",基层事务繁杂且缺乏治理体系,同时基层干部治理水平良莠不齐,乡村基层治理水平与全面乡村振兴的要求尚且有一定差距。与脱贫攻坚相比,一方面,乡村振兴很难以一定既定的数字标准来衡量乡村振兴是否实现和实现程度;另一方面,乡村振兴是全面的全方位的振兴,对基层治理的综合能力要求更高。

(二)乡村治理法治化的必要性

与法治相对应的概念是人治,人治社会中领导人的意志高于法律,公共事务的处理容易受领导人意志左右。在人治高于法治的社会中,裙带关系、人情关系、行贿受贿、渎职枉法的情况屡禁不止,且国家的大政方针在各个地方的具体实施中会受到当地情况的影响,致使各地实施情况迥然。

乡村治理法治化以一整套的现代化法治理念的法律治理机制取代传统农村内生制度。法治社会中,法律具有至高的权威性,所有成员都要接受法律的管辖,在民事关系中法无禁止即可为,在干部行政过程中法无授权即不为,一切的行为皆须在法律允许的范围中实行。

乡村治理法治化是实现全面乡村振兴的要求。"全面"乡村振兴包括乡村产业、人才、文化、生态、组织振兴。法治是维护农民权益、规范市场运行、治理生态环境、保障生态红线的强有力手段,全面乡村振兴需要法治保障。

乡村治理法治化是全面推进依法治国的要求。党的二十大报告中提出,全面依法治国是国家治理的一场深刻革命,关系党执政兴国,关系人民幸福安康,关系党和国家长治久安。没有乡村治理法治化,就不能有"全面"依法治国。乡村是法治中国建设的薄弱环节,全面依法治国的最终落脚点就在基层。

乡村治理法治化是建设中国式现代化的要求。党的二十大报告中提出,必须更好发挥法治固根本、稳预期、利长远的保障作用,在法治轨道上全面建设社会主义现代化国家。国家大政方针最后的落脚点在基层,乡村治理法治化是推进城乡融合发展的要求,是建立统一大市场的要求,是实现中国式现代化的要求。

(三)乡村治理法治与自治和德治的关系

1. 自治与德治

自治是指村民依法自我管理、自我教育、自我服务,依法选举产生自治组织村民委员会进行民主选举、民主决策、民主管理和民主监督,办理本集体的公共事务和公益事业,调解民间纠纷,协助维护社会治安,向上级反映村民意见①。基层民主自治制度是我国的基本政治制度②,是发展全过程人民民主,保障人民当家作主的重要途径。

德治源自儒家学说。儒家主张用道德感化民众,《唐律疏议》记载了"德礼为政教之本,刑罚为政教之用"的德治内涵③。当前我们说的"德治",强调的是以社会主义核心价值观为导向,倡导契约精神、弘扬公序良俗、引导村民自觉履行家庭和社会责任,构建和谐社会④。

2. 法治是自治与德治的底色

自治、法治和德治互不冲突。自治指的是村民自我管理的民主实现形式;法治强调依法治理,有法可依、有法必依;德治强调的是良好价值导向。乡村治理应当坚持自治、法治、德治相结合。

法治是自治和德治的底色与保障。法治体现为法律法规,自治体现为自治章程,德治体现为村规民约。自治的前提是法律规定下的自治程序和自治范围,村民在《中华人民共和国村民委员会组织法》的指导下,在法定范围内进行自治,民主的实现以法治为前提,以法治为保障。德治侧重于以社会主义核心价值观为导向,从内容上看,德治的要求高于法治,法治是德治的底线要求;从执行上看,德治没有强制执行力,法治是德治的最后保障。

二、《乡村振兴促进法》的基本情况

(一)立法脉络

党的十九大报告中指出要加强农村基层基础工作,健全自治、法治、德治相结合的乡村治理体系。2018年《中共中央 国务院关于实施乡村振兴战略的意见》中明确提出建设法治乡村,强化乡村振兴法治保障。2018年中共中央、国务院印发《乡村振兴战略规划(2018—2022年)》,要求推荐乡村法治建设、强化法

---

① 见《中华人民共和国村民委员会组织法》第一条,第二条。
② 见《中华人民共和国宪法》第一百一十一条。
③ 见《唐律疏议》。
④ 见2016年《北京市民政局、中共北京市委组织部、中共北京市委农工委等关于全面推进以德治理城乡社区工作的指导意见》第二章。

治保障。2020年,中共中央全面依法治国委员会颁布《关于加强法治乡村建设的意见》(下文简称为《意见》)。在《意见》中,明确了从完善涉农领域立法、规范涉农行政执法、强化乡村司法保障、强化乡村法治宣传教育、完善乡村公共法律服务、健全乡村矛盾纠纷化解和平安建设机制、推荐乡村依法治理、加快"数字法治·智慧司法"建设、深化法治乡村示范建设九个方面建设法治乡村,在2035年基本建成乡村法治可信赖、权利有保障、义务必履行、道德得遵守的法治乡村①。

在《意见》的指导下,2021年4月,全国人大常委会通过《乡村振兴促进法》。《乡村振兴促进法》首次以法律的形式将实施乡村振兴战略必须遵循的重要原则、重要制度、重要机制固定下来,阐明了乡村振兴往哪儿走、怎么走、跟谁走等重大问题。《乡村振兴促进法》对全面实施乡村振兴战略进行了立法顶层设计,是乡村治理法治化的产物,是全面乡村振兴的法治基石。

(二)法律主体

法律主体是指在法律规范中,享有权利、负有义务以及承担责任的主体。民法的法律主体是平等民事法律地位的自然人、法人和其他组织,刑法的法律主体是实施犯罪行为的自然人和单位。法律主体是法律的适用主体。《乡村振兴促进法》的法律主体是乡村治理的主体,由于乡村治理是自治、法治和德治的结合,因此乡村治理主体范围较广,包括党、政府、村民委员会、乡村社会组织和村民。

全面乡村振兴中要坚持党的领导。《乡村振兴促进法》第四条明确"全面实施乡村振兴战略,应当坚持中国共产党的领导"。

乡村振兴主要由政府负责。《乡村振兴促进法》中,"政府"包括各级人民政府,根据实施行为权责不同,表述上包括"国家""省、自治区、直辖市人民政府""各级人民政府""地方各级人民政府""县级以上地方人民政府""乡镇人民政府"。国务院农业农村部负责乡村振兴的统筹协调、宏观指导和监督检查②,县级以上地方政府农业农村主管部门负责本行政区域内乡村振兴的协调、指导

---

① 见《关于加强法治乡村建设的意见》,第一章和第二章。
② 见《乡村振兴促进法》第十条。

和监督[1]，乡镇人民政府是执行乡村振兴的最末梢政府。

村民委员会是实现全过程民主的村民基层自治组织。村民委员会民主决策本村村集体的公共事务和公益事业，维护村民合法权益，接受村民监督[2]。

乡村社会组织包括农村集体经济组织和乡村基层群团组织等组织，农村集体经济组织发展集体所有制经济[3]；基层群团组织以团结群众、联系群众、服务群众为工作核心[4]。

村民同样是《乡村振兴促进法》的法律主体。这一方面体现在村民通过村民委员会进行村集体事务的自治，自我管理、自我教育、自我服务[5]；另一方面体现在村民具有监督权，村民委员会和农村集体经济组织受村民监管[6]，同时依据宪法赋予公民的监督权，村民有权监督国家机关及国家工作人员[7]。

（三）主要特点

1. 地位特点

《乡村振兴促进法》是由国家立法机关全国人大颁布的法律文件，具有法律地位。法律是由立法机关制定颁布的规范体系，其制定、颁布、修订、废除、解释都需要严格依据《中华人民共和国立法法》规范的程序要求进行，具有极强的严肃性和高度的权威性。相比于政策性文件，法律具有国家强制性、普遍适用性和相对稳定性等特征。法律地位是《乡村振兴促进法》与《意见》等政策性文件最根本的不同，标志着全面实施乡村振兴战略从战略指导模式转向法治保障模式。《乡村振兴促进法》是全面实施乡村振兴战略的先导法律和纲领性法律，今后出台的相关乡村振兴法律应当以《乡村振兴促进法》为指导、依据。

2. 内容特点

《乡村振兴促进法》内容上与《意见》等政策性文件一脉相承，将《意见》等政策性文件中确立的乡村振兴基本框架、基本制度与基本内容以立法的形式确

---

[1] 见《乡村振兴促进法》第十条。
[2] 见《乡村振兴促进法》第四十一条。
[3] 见《乡村振兴促进法》第四十六条。
[4] 见《乡村振兴促进法》第四十七条。
[5] 见《乡村振兴促进法》第四十五条。
[6] 见《乡村振兴促进法》第四十二条。
[7] 见《宪法》第二十七条。

定下来。

与其他法律,例如《中华人民共和国民法典》《中华人民共和国刑法》等以权利、义务和责任为核心的法律相比,《乡村振兴促进法》的内容上更多是将政策性指导方向以法律的形式确定,同时引用了较多其他领域的法律规范,例如生态保护领域制度规范等内容。具体内容上具有高度的概括性和指导性,内容结构上具有框架性,内容整体上具有综合性。

3. 主体特点

《乡村振兴促进法》的主体是乡村治理的主体,包括了乡村自治、法治和德治的主体。横向上看,法律主体范围较广,包括党、政府、村委会、村集体组织和群团组织、村民。从纵向上看,《乡村振兴促进法》的主体涉及各个层级的党和政府,国家层面、省级层面、地市级层面、县级层面以及乡镇级层面,以及村级党组织。

4. 适用特点

《乡村振兴促进法》基于其全面实施乡村振兴纲领性法律文件的性质,直接适用性弱,欠缺对法律主体规范以具体的权利义务内容,很难依据某一条款而直接要求某主体应该做或者不应该做某具体的行为。

同时,基于直接适用性弱的特征,《乡村振兴促进法》相比其他法律而言,很难在某主体实施或者未实施某具体行为时,依据该主体应履行的义务要求该主体承担法律责任,法律强制力较弱。

三、《乡村振兴促进法》的主要内容

(一)指导思想

《乡村振兴促进法》是在习近平新时代中国特色社会主义思想的指导下制定并颁布实施的,受全面实施乡村振兴战略和习近平法治思想的影响最为深刻。

1. 全面实施乡村振兴战略

全面实施乡村振兴战略,应当贯彻创新、协调、绿色、开放、共享的新发展理念,走中国特色社会主义乡村振兴道路,促进共同富裕[①]。

---

① 见《乡村振兴促进法》第四条。

新发展理念在全面乡村振兴中的内涵包括:坚持农业农村优先发展、坚持农民主体地位、坚持人与自然和谐共生、坚持改革创新,不断解放和发展乡村社会生产力,因地制宜,顺应乡村发展规律。走中国特色社会主义乡村振兴道路,要求我们建设中国式新乡村,推动城乡融合发展,构建新型工农城乡关系,筑牢粮食安全①,建设农业强国。

2. 习近平法治思想

《乡村振兴促进法》的出台将全面实施乡村振兴战略的内容以法律的形式予以确定,是以习近平法治思想为指导,健全党组织领导的自治、法治、德治相结合的乡村治理体系,走出一条符合中国国情、体现新时代特征的中国特色社会主义法治乡村之路的体现②。

习近平法治思想核心要义在《乡村振兴促进法》中的具体体现包括以下内容:坚持党的领导,将党的领导贯彻到全面依法治国全过程和各方面③;坚持以人民为中心,推进全面依法治国的根本目的是保障人民权益④;坚持在法治轨道上推进国家治理体系和治理能力现代化⑤;坚持依法治国、依法执政、依法行政共同推进,法治国家、法治政府、法治社会一体化建设⑥;坚持建设德才兼备的高素质法治工作队伍⑦;坚持抓住领导干部这个"关键少数",不断提高他们的法治能力⑧。

(二) 制度框架

《乡村振兴促进法》包括党、政府、村民委员会、乡村社会组织和村民五大主体,由五大主体的权利义务关系构建的乡村振兴制度如下:

1. 纵向制度

全面乡村振兴的主体从纵向上看,包括中央层级、省级、地市级、县级以及乡镇级五个层级。

---

① 见《乡村振兴促进法》第八条。党的二十大报告内容"全方位夯实粮食安全根基,牢牢守住十八亿亩耕地红线,确保中国人的饭碗牢牢端在自己手中。"
② 见 2020 年,中央全面依法治国委员会印发《关于加强法治乡村建设的意见》第一章内容。
③ 见《乡村振兴促进法》第四条、第四十一条、第四十二条。
④ 见《乡村振兴促进法》第四十二条。
⑤ 见《乡村振兴促进法》第四十一条。
⑥ 见《乡村振兴促进法》第九条—第十一条、第四十一条—第四十九条。
⑦ 见《乡村振兴促进法》第二十五条、第四十八条。
⑧ 见《乡村振兴促进法》第四十三条、第四十四条。

表 1 《乡村振兴促进法》的纵向制度

层级	定位	具体权责内容	具体涉及条文
中央	总统筹	①负责全国乡村振兴促进工作的统筹协调、宏观指导和监督检查; ②完善乡村振兴涉及的重要制度(农村集体产权制度,农用地分类管理制度,永久基本农田保护制度,农业科研项目评审、人才评价、成果产权保护制度,农村住房建设质量安全管理制度,城乡统筹的社会保障制度,城乡最低生活保障制度,城乡均等的公共就业创业服务制度,农业支持保护体系和实施乡村振兴战略财政投入保障制度,乡村振兴战略实施目标责任制和考核评价制度)。	10、12、13、14、16、38、54、55、58、68
省级	负责;协调	①本行政区域乡村振兴促进工作的统筹协调、指导和监督检查。	10
地市级	协调;落实	①本行政区域乡村振兴促进工作的统筹协调、指导和监督检查。	10
县级	抓落实	①本行政区域乡村振兴促进工作的统筹协调、指导和监督检查; ②优化本行政区域内乡村发展布局。	10、51
乡镇级	抓落实	①为返乡人员和各类人才提供必要的生产生活服务; ②指导和支持农村基层群众性自治组织规范化、制度化建设; ③优化本行政区域内乡村发展布局。	28、45、51

2. 横向制度

乡村振兴的横向制度框架是党委领导、政府责任、民主协商、社会协同、公共参与的自治、法治和德治相结合的乡村治理结构①。

在五大主体中,党发挥全面领导作用,领导其他四个主体(即政府、村民委员会、乡村社会组织和村民)全面实施乡村振兴。

政府是全面乡村振兴的主要行政主体,受党的领导,协调落实全面乡村振兴相关具体制度和内容;乡镇人民政府指导、支持村民委员会规范化建设②,引导、支持农村集体经济组织发挥作用③;政府支持、规范、引导乡村社会组织发挥

---

① 见《乡村振兴促进法》第四十一条、第四十二条。
② 见《乡村振兴促进法》第四十五条。
③ 见《乡村振兴促进法》第四十六条。

积极作用①。

村民委员会受党的领导,受政府指导、支持。

乡村社会组织受党的领导,受政府的引导、支持、规范。

村民享有宪法赋予的对国家机关及其工作人员的监督权,村民有权监督村委会和乡村社会组织。

3. 监督检查制度

《乡村振兴促进法》中规范了乡村振兴考核评价制度、工作年度报告制度和监督检查制度。

考核评价制度是与目标责任制配套的制度,是政府主体内部上级对下级政府实施乡村振兴战略目标完全情况等进行的考核,考核结果作为下级地方人民政府及其负责人综合考核评价的重要内容②。

工作年度报告制度是指地方各级人民政府向上一级政府报告年度乡村振兴促进工作情况③。

监督检查制度是指政府定期对下一级人民政府乡村振兴促进工作情况进行监督检查④。

考核评价制度、工作年度报告制度和监督检查制度,都以政府为适用主体,其中工作年度报告制度和监督检查制度仅针对上一级和下一级的政府,不可越级报告或者检查。

(三) 具体内容

全面乡村振兴包括乡村产业、人才、文化、生态和组织振兴,以上内容在《乡村振兴促进法》中依据法律强制性强度,可以分为可以作为、应当作为和严禁作为三种;根据内容的具体程度,将应当作为分为制度体系类应当作为和具体措施类应当作为两种。

1. 产业振兴内容

产业振兴主要包括农业发展,包括对农用地、农产品、农业生产现代化、农业技术创新与推广、乡村特色产业发展、集体经济组织发展和农民专业合作社发展等方面的内容。

---

① 见《乡村振兴促进法》第四十七条。
② 见《乡村振兴促进法》第六十八条。
③ 见《乡村振兴促进法》第七十一条。
④ 见《乡村振兴促进法》第七十一条。

表 2 《乡村振兴促进法》中产业振兴内容

方面	可以作为	应当作为(制度体系类)	应当作为(具体措施类)	严禁作为
产业		1. 完善农村集体产权制度①(12) 2. 推动农业现代化发展(12) 3. 重要农产品保障②(13) 4. 推动农业结构调整③(13) 5. 加强基础设施建设,改善生产条件(14) 6. 加强种质资源保护利用④(15) 7. 加强农业科技创新(16) 8. 健全农业科研项目评审、人才评价、成果产权保护(16) 9. 加强农业技术推广⑤(17) 10. 鼓励农业生产机械化、信息化(18) 11. 鼓励发展乡村特色产业(19) 12. 支持农村集体经济组织发展⑥(21) 13. 支持农民专业合作社等多种形式⑦(21) 14. 加强国有农(林、牧、渔)场建设(22) 15. 深化供销合作社综合改革⑧(23)	1. 农用地分类管理,严格保护耕地,实施永久基本农田保护制度⑨(14) 2. 发展乡村产业应当符合国土空间规划和产业政策、环境保护的要求⑩(19)	

* 括号内为该内容对应的《乡村振兴促进法》法律条文序号。

---

① 相关内容包括《国务院关于农村集体产权制度改革情况的报告》《财政部、国家税务总局关于支持农村集体产权制度改革有关税收政策的通知》《农业农村部关于开展农村集体产权制度改革督查的通知》等。

② 相关内容包括《土地管理法》第三十三条、《农业法》二十六条、《价格法》二十九条、《国务院关于建立粮食生产功能区和重要农产品生产保护区的指导意见》等。

③ 相关内容包括《农业部关于印发〈关于农业结构调整的分区指导意见〉的通知》等。

④ 相关内容包括《国务院办公厅关于加强农业种质资源保护与利用的意见》《农作物种质资源管理办法》《林木种质资源管理办法》等。

⑤ 相关内容包括《农业技术推广法》等。

⑥ 相关内容包括《关于进一步加强农村集体经济组织财务公开和财务管理工作的通知》《关于加强农村集体经济组织征地补偿费监督管理指导工作的意见》等。

⑦ 相关内容包括《农民专业合作社法》《财政部、农业农村部关于印发〈农民专业合作社财务制度〉的通知》等。

⑧ 相关内容包括《国务院关于加快供销合作社改革发展的若干意见》等。

⑨ 相关内容包括《土地管理法》三十三条、《土地管理法实施条例》十三条、《国务院办公厅关于防止耕地"非粮化"稳定粮食生产的意见》《国务院办公厅关于坚决制止耕地"非农化"行为的通知》《国务院办公厅关于切实加强高标准农田建设提升国家粮食安全保障能力的意见》《国务院办公厅关于印发〈省级政府耕地保护责任目标考核办法〉的通知》《自然资源部、农业农村部关于加强和改进永久基本农田保护工作的通知》等。

⑩ 相关内容包括《土地管理法》《土地管理法实施条例》《国家发展改革委、国家能源局关于完善能源绿色低碳转型体制机制和政策措施的意见》《自然资源部关于积极做好用地用海要素保障的通知》等。

2. 人才振兴内容

人才振兴主要包括发展农村教育和农业教育、发展涉农专业化教育、加强乡村医疗人才建设等内容。

表3 《乡村振兴促进法》中人才振兴内容

方面	可以作为	应当作为(制度体系类)	应当作为(具体措施类)	严禁作为
人才	1. 农村集体经济组织可以根据实际情况提供相关的福利待遇(28)	1. 促进农业人才队伍建设(24) 2. 加强农村教育①(25) 3. 加强乡村医疗卫生队伍建设(25) 4. 发展职业教育和继续教育(26) 5. 支持高等学院、职业学校设置涉农相关专业(27) 6. 鼓励城市人才向乡村流动(28)	1. 采取公费师范教育等方式吸引高等学校毕业生到乡村任教(25) 2. 对长期在乡村任教的教师在职称评定等方面给予优待(25) 3. 为返乡人员和各类人才提供必要的生产生活服务(28)	

* 括号内为该内容对应的《乡村振兴促进法》法律条文序号。

3. 文化振兴内容

文化振兴主要包括丰富文化生活、扩展文化服务、支持文化创作、发展特色文化等内容。

表4 《乡村振兴促进法》中文化振兴内容

方面	可以作为	应当作为(制度体系类)	应当作为(具体措施类)	严禁作为
文化		1. 宣传乡村振兴相关法律法规(11) 2. 加强农村精神文明建设(29) 3. 丰富农民文化体育生活②(30) 4. 扩展乡村文化服务渠道,提供便利的公共文化服务③(31) 5. 支持三农题材文艺创作(31) 6. 挖掘优秀农业文化深厚内涵,传承和发展优秀传统文化(32) 7. 建设特色鲜明、优势突出的农业文化展示区、文化产业特色村落(33)	1. 农历秋分日为中国农民丰收节(7) 2. 对历史文化名镇名村、传统村落和乡村风貌、少数民族特色村寨开展保护状况监测和评估,采取措施防御和减轻火灾、洪水、地震等灾害④。(32)	

* 括号内为该内容对应的《乡村振兴促进法》法律条文序号。

---

① 相关内容包括《国务院关于进一步加强农村教育工作的决定》等。
② 相关内容包括《文化部关于加强全国农村演出市场管理丰富农民文化生活的通知》等。
③ 相关内容包括《公共文化服务保障法》《国务院办公厅转发文化部等部门关于做好政府向社会力量购买公共文化服务工作意见的通知》等。
④ 相关内容包括《国务院关于文物工作和文物保护法实施情况的报告》等。

4. 生态振兴内容

生态振兴主要包括对农业投入品的限制、对排污的限制、对水产养殖业和捕捞业的控制、对地下水开采的控制、保护修复生态系统、发展生态循环农业、防治农业面源污染、回收利用农业废料等。

表5 《乡村振兴促进法》中生态振兴内容

方面	可以作为	应当作为（制度体系类）	应当作为（具体措施类）	严禁作为
生态	1. 可以根据地下水超采情况，划定禁止、限制开采地下水区域①(40)	1. 重要生态系统保护修复(34) 2. 支持先进的种植养殖技术(35) 3. 实施国土综合整治和生态修复(36) 4. 加强农业面源污染防治(35)② 5. 综合整治农村水系，推广卫生厕所和垃圾分类(37) 6. 鼓励农民建房特色、绿色、现代、宜居(38) 7. 推进农业废料和垃圾回收利用(40)	1. 建设农村住房应当符合抗震等基本安全要求(38) 2. 严格控制河流湖库、近岸海域投饵网箱养殖③(40) 3. 依法划定江河湖海限捕、禁捕的时间和区域(40)	1. 禁止使用剧毒、高毒、高残留的农药、兽药④(39) 2. 不得违法超剂量使用农药等农业投入品⑤(39) 3. 禁止违法将污染环境的产业、企业向农村转移(40) 4. 禁止违法将城镇垃圾等向农业、农村转移(40) 5. 禁止向农用地排放有毒有害物质含量超标的污水、污泥，以及可能造成土壤污染的清淤底泥等⑥(40) 6. 禁止将有毒有害废物用作肥料或者用于土壤(40)

* 括号内为该内容对应的《乡村振兴促进法》法律条文序号。

---

① 相关内容包括《地下水管理条例》《国务院关于全国地下水污染防治规划(2011—2020年)的批复》等。

② 相关内容包括《生态环境部办公厅、农业农村部办公厅关于印发〈农业面污染治理与监督指导实施方案(试行)〉的通知》《生态环境部办公厅关于印发〈全国农业面源污染检测评估实施方案(2022—2025年)〉的通知》等。

③ 相关内容包括《生态环境部、农业农村部关于印发农业农村污染治理攻坚战行动计划的通知》等。

④ 相关内容包括《食品安全法》《国务院食品安全办等五部门关于进一步加强农村食品安全治理工作的意见》等。

⑤ 相关内容包括《农产品质量安全法》《食品安全法》《土壤污染防治法》《国务院关于加强食品等产品安全监督管理的特别规定》等。

⑥ 相关内容包括《土壤污染防治法》《生态环境部、农业农村部、自然资源部、林草局关于印发〈农用地土壤污染责任人认定暂行办法〉的通知》等。

5. 组织振兴内容

组织振兴主要包括提升乡镇政府治理能力、加强乡村干部培养、健全村委会制度、加强基层执法队伍建设、健全农村治安防控等。

表6 《乡村振兴促进法》中组织振兴内容

方面	可以作为	应当作为(制度体系类)	应当作为(具体措施类)	严禁作为
组织	1. 可以根据需要设立法律顾问和公职律师(48)	1. 鼓励社会各方面参与乡村振兴(11) 2. 加强乡镇政府社会管理和服务能力(41) 3. 健全干部队伍的培养和管理机制(43) 4. 加强乡村干部培训(44) 5. 健全村委会民主决策和村务公开(45) 6. 加强基层执法队伍建设(48) 7. 开展法治宣传教育和人民调解工作①(48) 8. 健全农村社会治安防控体系(49)	1. 表彰奖励作出显著成绩的单位和个人(11)	

*括号内为该内容对应的《乡村振兴促进法》法律条文序号。

6. 其他

其他主要内容包括促进城乡融合发展、禁止非法限制人员城乡流动、完善社会保障制度,构建城乡协调统一的社会保障制度、加强相关财政和金融支持。

（1）城乡融合发展,以及社会保障制度

表7 《乡村振兴促进法》中促进城乡融合发展与完善社会保障制度相关内容

方面	可以作为	应当作为(制度体系类)	应当作为(具体措施类)	严禁作为
城乡协同发展；社会保障	1. 具备条件的灵活就业人员和农业产业化从业人员可以参加职工基本养老保险、职工基本医疗保险等社会保险(54)	1. 整体筹划城镇和乡村发展(50) 2. 完善城乡统筹的社会保障制度(54) 3. 推进城乡最低生活保障制度统筹发展(54) 4. 鼓励社会资本到乡村发展与农民利益联结型项目(55)	1. 支持农民按照规定参加城乡居民基本养老保险、基本医疗保险(54) 2. 取得居住证的农民及其随迁家属享受城镇基本公共服务(55) 3. 促进在城镇稳定就业和生活的农民自愿有序进城落户(55) 4. 全面落实城乡劳动者平等就业、同工同酬(57)	1. 不得以退出土地承包经营权、宅基地使用权、集体收益分配权等作为农民进城落户的条件(55)

*括号内为该内容对应的《乡村振兴促进法》法律条文序号。

① 相关内容包括《人民调解法》等。

（2）配套的财政、金融支持

表8 《乡村振兴促进法》中财政与金融支持内容

方面	可以作为	应当作为（制度体系类）	应当作为（具体措施类）	严禁作为
资金扶持措施	1. 省级政府可以发行政府债券，用于现代农业设施建设和乡村建设。（58）	1. 完善涉农资金统筹机制（58） 2. 完善新型农业补贴（60） 3. 创新投融资方式，引导社会资本投向乡村（62） 4. 健全涉农资本市场（64） 5. 健全农村金融服务（65） 6. 健全农业保险体系（66）	1. 用于乡村振兴的财政投入总量持续增加（58） 2. 增加对农业主体的信贷规模（65） 3. 农村中小金融机构当年新增可贷资金主要用于当地农业农村发展（65） 4. 采取保费补贴等措施，扩大农业保险覆盖面（66）	

* 括号内为该内容对应的《乡村振兴促进法》法律条文序号。

四、乡村振兴法治的实施

（一）以政策为导向

全面实施乡村振兴战略是我国在未来一段时间的重要战略，《乡村振兴促进法》是对自党的十九大报告提出乡村振兴战略后至2021年重要的政策性文件法律化的成果。全面乡村振兴战略目前仍处于进一步完整完善、"摸着石头过河"的阶段。

在全面乡村振兴战略实施中，应当以政策先行。相比于法律的滞后性和相对确定性特征，政策具有及时性、灵活性等特征，以政策性文件为指导，各层级政策进一步细化落实以及开展试点实践工作。在政策相对稳定以及效果相对明确后，再将政策性文件法律化，通过立法形式对制度实践中的经验予以巩固，构建"政策—法律"的立法机制。

（二）构建乡村振兴法律体系

构建全面乡村振兴法律体系，首先，应当将《乡村振兴促进法》与现有的相关法律法规联系起来，构建全面乡村振兴法律汇编；其次，应当加强全面乡村振兴具体内容立法推动，完善相关法律法规；最后，应当定期整理统筹现有法律，及时调整修改，做好乡村振兴各规范性文件间的衔接统一。

《乡村振兴促进法》对乡村振兴的内容规范非常广泛,其中很多内容虽然在《乡村振兴促进法》中仅为寥寥数语,但是在法律适用中具有相对完整的法律体系。例如第十五条要求"国家加强农业种质资源保护利用和种质资源库建设",种质资源管理涉及《国务院办公厅关于加强农业种质资源保护与利用的意见》《农作物种质资源管理办法》《林木种质资源管理办法》等多部法规。

《乡村振兴促进法》是全面乡村振兴的纲领性法律。全面实施乡村振兴中,可以把《乡村振兴促进法》以及涉及的相关法律法规与司法解释汇编成册,组成类似于"乡村振兴法典"的全面乡村振兴法律汇编,不仅有利于乡村振兴法制体系协调统一,同时也有利于基层干部使用法律时更便利更清晰。若是将全面乡村振兴法律汇编比作"乡村振兴法典",那么《乡村振兴促进法》就是"法典"的总则部分。

《乡村振兴促进法》中仍然有很多内容是欠缺相关法律支撑的。例如第二十二条"各级人民政府应当加强国有农(林、牧、渔)场规划建设",当前缺乏相配套的规划建设法律法规。因此,对于配套法律法规欠缺的内容,应当以《乡村振兴促进法》相关纲领内容为指导,结合全面乡村振兴实践总结,加强相关领域立法,完善相关领域法律法规。

乡村振兴正以极快的速度在国内全域全面开展相关工作,所涉及的法律法规非常繁杂,同时包括众多的部门规章、司法解释和地方规范性文件。基于上述情形,在实施《乡村振兴促进法》中,应当定期整理统筹相关法律法规、部门规章、司法解释和地方规范性文件,及时根据上位法内容的变化进行调整,做好乡村振兴各规范性文件之间的衔接统一。

(三)加大普法宣传

在《乡村振兴促进法》的实施中,应当加大乡村普法宣传,一方面增强基层干部的法治意识,提高依法办事能力;另一方面树立村民的法治观念和法律意识,建设法治乡村。

习近平总书记指出:"领导干部具体行使党的执政权和国家立法权、行政权、监察权、司法权,是全面依法治国的关键。"乡村治理法治化的实现要求基层干部必须具有法治意识,坚持依法办事、依法治理。习近平总书记强调"只有铭刻在人们心中的法治,才是真正牢不可破的法治"。乡村地区村民法治观念和法律意识相对薄弱,加大在乡村地区开展法治宣传教育,推动法治观念深入人心,让村民更好地理解法律、适用法律并以法律武器保障自身合法权益,让村民内心真正认可法治乡村。

结语

当前,我们正处于脱贫攻坚与乡村振兴继往开来的重要历史节点上,全面乡村振兴是实现"两个一百年"奋斗目标的必然要求,是实现全体人民共同富裕的必然要求,也是建成中国特色社会主义现代化的必然要求。《乡村振兴促进法》是全面实施乡村振兴战略的基本法,它的颁布标志着乡村振兴法治化取得重要进展,制度框架基本形成,是乡村振兴取得决定性进展、农业农村现代化基本实现的重要基石。

法的生命在于实施。当前《乡村振兴促进法》的实施重点与难点在乡村基层,在乡村振兴法治实施过程中,首先要以中央精神和政策为导向;其次做好内容解读,做好相关法律法规及其他规范性文件的整理汇编,加强立法工作以增强相关规范的可执行性,做好乡村振兴各规范性文件的衔接统一;最后加大乡村振兴法治宣传,让乡村治理法治化思想深入干部和群众的内心。

参考文献

[1] 费孝通.乡土中国[M].上海:上海人民出版社,2013.
[2] 周铁涛.基层政府主导农村法治化治理的困境与路径[J].湖湘论坛,2016,29(3):124.
[3] 唐寿东,孙英.全面依法治国视域下基层治理法治化研究[J],天津行政学院学报,2017,19(05):39-47.
[4] 汪洋.全面有效实施乡村振兴促进法[J].中国人大,2021(14):1.
[5] 冯兆蕙.乡村振兴法治化的时代价值、基本框架与实现机制[J].法律科学(西北政法大学学报),2022,40(06):25-34.
[6] 增强法治意识、提高法治素养[N].人民日报,2022-9-26(05).
[7] 赵大程.让法治铭刻在人民心中[N].人民日报,2018-07-11(19).
[8] 任大鹏.《乡村振兴促进法》的鲜明特点与现实意义[J].人民论坛,2021(27):58-61.

基层治理视域下农业型农村养老服务问题研究

——基于 Y 镇 S 村的案例分析

李翊铭

作者简介

李翊铭,河南平顶山人,出生于 1997 年 4 月,北京大学人口研究所社会工作专业 2021 届硕士毕业生,在校期间获得北京大学优秀毕业生、北京大学三好学生、北京大学科学实践创新奖等荣誉。毕业后选调至河南,现任职于中共郑州市委办公厅。

摘 要:在老龄化形势严峻的背景下,农村相较于城市而言,老龄化程度更深,对农村老龄化的应对也更具挑战。基层治理更好地服务于农村养老服务是全面推进乡村振兴,构建基层社会治理新格局背景下的重要环节。本文在基层治理视域下,以 Y 镇 S 村养老服务发展现状为实践接入口,发现该村养老服务在政府角色定位、基层治理组织参与、养老服务资源整合及老年人认知观念方面存在多元困境。因此本文在结合当地实际基础上,系统探讨农业型农村养老服务的发展困境及提升路径,以期在老年人需求、制度支持、资源优势及组织能力培育的融合下,进一步实现基层养老服务的精准治理。

关键词:基层治理;乡村振兴;农村养老服务

引 言

党的十九届五中全会指出要"实施积极应对人口老龄化国家战略"。第七次全国人口普查数据显示,2020 年我国 60 岁及以上老年人口数为 2.64 亿,占总人口的比例为18.7%;65岁及以上人口数为1.91亿,占总人口的比例为13.5%,我国人口老龄化程度进一步加深,老龄化形势日益严峻。其中,农村65岁及以上的人口占农村总人口的比例为17.7%[①]。我国的农村人口老龄化将在未来十五年进入高速发展阶段,预计到2035年,农村60岁及以上人口占农村总人口的比例将会超过30%。受经济、社会、人口流动等方面因素的综合影响,相较于城市,农村人口老龄化程度更加严峻,与之相对应的,农村空心化、空巢化也越来越严重,同时受经济发展、社会保障及服务水平等远低于城镇的限制,其对老龄化的应对也更具挑战。

习近平总书记在党的二十大报告中强调全面推进乡村振兴,推动全体老年人享有基本养老服务,这为多层次农村养老服务体系的发展提供了重要契机。相关研究表明,我国养老工作的问题往往集中于基层养老工作的贯彻落实环节,农村基层更是养老工作全环节的关键所在,基层治理更好地服务于农村养老服务,农村养老问题得以进一步解决是健全乡村治理体系、全面推进乡村振兴战略的重要环节。因此,新时期如何科学应对农村人口老龄化,在全面推进乡村振兴的背景下显得尤为重要。

基于此,本文以Y镇S村为案例,探究农村尤其是发展程度更低的农业型农村在乡村振兴背景下养老服务发展困境,在基层治理视域下基于实务介入现状提出进一步的发展路径,为基层养老工作,尤其是"无资源型"农村的养老服务本土化发展提供一定的借鉴,加深对基层养老工作发展困境的认知,可作为政府相关政策措施的参考。

一、文献回顾

(一)农村基层治理相关研究

在基层治理现代化背景下,构建基层政府与社会多主体共治的多元格局,是推进国家治理体系和治理能力现代化的重要内容,农村基层治理问题更是关系国计民生的根本问题。

学术界有研究将近十年农村基层治理领域的研究概括为三重理论视角、两类研究导向和一种研究方法。在研究视角方面,包括宏观视角、中观视角和微

---

① 见第七次全国人口普查公报(第五号)——人口年龄构成情况。

观视角三种:宏观视角多探讨关于国家建构和国家治理体系的认识;中观视角多针对乡村治理中正式及非正式制度进行描述分析;微观视角则聚焦于农村基层治理中的具体技术及实施策略。在研究导向方面,包括理论及实践两种研究导向:理论导向中学者们多基于公共管理的不同视角加以论证;而更多的农村基层治理研究为具有鲜明的时代和阶段特征的实践导向,以文件或政策的政治实践为出发点,多探讨精准扶贫、新农村建设等热点主题。在农村基层治理的研究方法方面,学者们多采用案例研究、案例内设计的研究思路展开质性研究,而较少采用大样本定量分析的方法。

在当前关于农村基层治理的研究中,基于中国农村基层实践的模式归纳亟待解决。同时,农村基层治理表现出一定的"政策先行、研究随后"的特征,多落后于实践发展,因而很难针对中国乡村本土实际提出农村基层治理方案,引领农村基层及相应政策的发展。

(二) 农村养老服务相关研究

在养老服务的政策发展方面,我国养老服务政策的发展自1994年始,历经"嵌入发展、统筹发展、精细发展、融合发展"四阶段后,形成了"以居家为基础、社区为支撑、机构充分发展"的养老服务体系。在政策供给的治理框架方面,形成以政府为主体、社会力量为补充、家庭为支撑,充分发挥市场资源配置优势融合发展的供给格局。其中,农村养老制度设计和政策变迁自新中国成立时期萌芽,至今经历了五个阶段,现阶段在超前应对农村老龄化速度规模、城乡分治的老龄公平、政策碎片化、多元主体参与等方面仍然存在明显的短板。

在农村养老服务的内涵界定方面,国外研究将农村养老服务划分为社区养老、机构养老及居家养老。社区提供正式与非正式服务,机构涉及日常基本生活照护、社会心理咨询、个人照料与医疗服务等内容。在我国,由于农村经济发展的差异性,对于农村养老服务尚未有统一的界定。广义上,农村养老服务多指以农村老年人为供给对象,家庭、政府、社区等组织为老年人提供必要生活服务,满足其物质生活和精神生活基本需求的服务;狭义上定义为由政府组织和实施的以基本生活照料为主的民政养老服务。在养老服务的供给方面,有学者强调政府的主导者及干预者角色,市场是灵活主体、家庭是基本主体,而社区则是另一个重要供给主体。

在农村养老服务的发展问题方面,现有文献多基于不同的养老服务模式展开探讨。第一,在社区居家养老服务中,面临着运行资金匮乏、社会组织参与程度与政策扶持力度不足、服务内容有限、服务对象与范围小等问题,强调以社区为主位、多元配合,从政策拟定、服务运营与财政支持方面落实精准发展,实现资源与农村养老服务需求的精准对接;第二,在机构养老服务中,服务主要受农村老年人本身受教育水平、社会养老保险制度、居住地、家庭规模与收入等因素的影响,需要充分发挥农村养老服务机构的基础性作用,根据农村自身实际状况布局;第三,在医养结合养老服务中,现有研究多强调在经济欠发达地区实施难度较大,需要充分考虑农村当地固有的特殊性与复杂性,在硬件基础设施配备与软件医养服务质量上共同建设。

因此,本研究以较少受关注的、发展程度更低的农业型农村为案例,探究基层养老服务发展问题,探索适合此类型农村适应乡村振兴战略的农村养老服务,为基层治理提供切合实际的发展策略。

二、理论基础

农村养老服务与供给主体不可分割。在福利多元主义理论中,从认为社会福利来源于家庭、市场和政府的"福利三角"理论到增加志愿部门的"福利四边"理论,均强调福利供给主体的多元化,强调多渠道利用社会资源提供福利。在福利多元主义理论中,对于政府、市场和志愿部门没有明确的角色定位,既有强调市场作用的自由主义模式、政府保护的民主社会主义模式,又有注重社会合作的保守主义模式。同时,在公共管理领域中,有学者提出治理的本质在于所偏重的统治机制并不依靠政府的权威和制裁,强调社会治理需要社会秩序的构建,在此基础上进一步继承发展构建出多中心理论,它是基于公共领域的和谐与效率而派生的多主体、多领域的"共治"行为。

在农村人口老龄化严峻形势下,农村养老工作成为基层治理中最重要的一环,而单一政府行政力量力不从心,面临"多元失灵"的困境。因此,基于福利多元主义理论和多中心理论,调动基层自主性力量与社会组织外源性力量,实现多元主体角色整合,有利于农村地区养老福利多元供给,是基层养老工作治理的应有之义。

三、案例概述

（一）S 村村情概述

S 村位于 Y 镇北部 4 千米处，村委会坐落在村中段。在自然资源方面，全村土地面积达 7.17 平方千米，其中耕地面积 460 亩。在人口结构方面，S 村共有 158 户 706 人，划分为 5 个村民小组，全村人口平均年龄为 35 岁左右，其中在村 120 户 320 人，在村人口平均年龄为 45 岁左右，人口流失较严重，以县内打工为主。在党建治理方面，S 村共有党员 22 人，平均年龄为 46 岁，以初高中学历为主；村委会委员 2 人，驻村工作队 3 人，群团组织、村民调解机构等组织多由村委会干部"身兼数职"。在产业发展方面，S 村作为农业型农村，产业发展相对较薄弱，村内尚未有产业合作社、资金合作组织等推动产业发展的机制，因而尚无规模化、产业化的种植业，仅有一些小具规模的个体养殖业；村内尚无村集体企业和其他所有制企业。在生态环境方面，S 村达到了较高的标准，村内铺设完整的水泥路纵横交错，每家每户前有着用篱笆围起的小院子，因为村规模小、户数少的基础条件，本就有着良好的生态基础，同时积极开展村落院落绿化、厕所革命等民生工程，因此具备较高的绿化面积以及良好的水域生态环境，实现了较高的宜居度。

（二）S 村老年人及养老服务概述

S 村在村人口 320 人中，老年人共 168 人，比例达到了 52.5%。在年龄结构方面，以低龄老人为主，高龄老人也占相当一部分比例。其中，60—69 岁的老年人为 104 人，70—79 岁的老年人为 30 人，80 岁及以上的老年人为 24 人。在居住安排方面，空巢化程度加剧。笔者通过与村支书及村委会干部访谈了解到 S 村在村老年人多为留守老人，更多与配偶居住，子女更多在县内打工就业，少部分为县外就业；还有十余户为独居老人，笔者一一进行走访，独居老人皆为配偶离世，子女在外打工，有一定的空间居住距离，多为 80 岁及以上的高龄老人。在健康状况方面，就生理健康而言，S 村以及 Y 镇老年人健康的突出特征为罹患慢性病的老年人多，Y 镇罹患慢性病老年人比例达到 80%，S 村老年人整体健康程度一般，医养需求较高，多罹患高血压、糖尿病等多种慢性病，有中风史及脑梗的老年人较多。而且笔者在访谈及相应工作中了解到，老年人普遍对慢性病意识不强、基本知识缺乏。就精神健康而言，笔者针对部分 S 村老年人日常精神娱乐生活及需求进行了访谈。S村老年人精神生活单调,村前聊天及打牌占80%以上的比例,少部分选择看电视、散步及干农活消遣。在精神文化需求方面,受访老年人皆表示非常愿意参与村镇组织的老年人科普讲座类活动,但对下棋、跳舞等老年活动和兴趣小组则表示抗拒和不看好。

S村养老服务体系尚未建立,仍与传统的农业型农村养老服务模式保持一致。老龄工作基础极其薄弱,以居家养老为主;机构养老发展缓慢,Y镇因经济发展水平所限仅有一家敬老院,入住率不高,兜底无亲人在世的五保老人,因社会运营亏损太大目前收归政府运营。S村内未建设幸福院、日间照料中心及老年活动中心,无法提供日常照料类养老支持及各类养老服务,医疗护理类的养老服务依靠镇里统一组织卫生院入村开展体检活动。在空巢化加剧的背景下,空间居住距离动摇了S村老年人的代际互助基础,其居家养老更多意为"自我养老"。笔者来到S村后,以社工身份策划了一系列老年社工党建活动,包括老年精神健康、常见老年疾病预防等递进的内容,从慢性病健康管理、了解阿兹海默症到预防老年跌倒、老年生命教育,带领老年人做手指操、健步走,为S村老年人提供精神娱乐方面的养老服务。

四、问题分析

相较于宏观的养老服务而言,处于治理末端的基层养老工作任重道远,困难重重。尤其对于经济欠发达的农业型农村而言,处于养老服务模式发展单一、老龄工作基础薄弱、养老服务体系尚未建立的境地,面临基层养老服务的多元困境。

(一)政府效率有限、角色模糊

政府在养老服务尤其是农村养老服务多元主体建设中应当扮演主导者角色,但现实的农村养老服务体系中常出现政府缺位的现象,农村养老多依靠内生性发展,以至于形成农村养老服务体系化、规范化、标准化建设推进缓慢,养老服务资源缺乏有效整合的发展困境。

第一,职能定位存在偏差,扮演社会底线守卫者。农村养老服务需要政府、社会及市场等多元主体共同参与、各司其职,方能建立高效运转的农村养老服务体系。在实践中,基层政府在农村养老服务中的定位是模糊不清的,这使得基层政府在基层养老服务中缺失探索创新的能动性,被动履行职责。对于经济欠发达的农业重镇地区 Y 镇而言,政府所行使的养老职责仅仅是传统的家庭养老的补充者或替代者,主要发挥效用的场域是本镇敬老院,为五保老人提供养老兜底服务,在整个农村养老服务供给中扮演兜底的社会底线守卫者。政府的养老服务范围无疑大大缩小仅限于特困老人,而事实上村内老人在代际互助缺失的背景下,有普遍性的养老需求亟待回应。

第二,基层政策热实践冷,碎片化粗放发展。政策层层传递,基层是千条线与一根针的承接者,因为基层实践的复杂性与特殊性,政策初衷与政策实际效用间的背离也是基层治理常见问题。无论是政策宣传、老龄信息还是政策法规制定、人才培养等,从中央到地方对于养老服务以及农村养老服务的发展制定了各类各项规划,但发展规划大多是原则性的、一般化的,更多的细则及可操作性的实施举措是缺失的,层层传递至基层,最后需要基层政府去部署落实,但缺乏配套实施方案、机制的健全和政策的细化。同时,如何对农村老年人进行精准分类施策,如何更好地为失能失智老人、高龄独居老人提供养老服务都是系统复杂的工程。受限于第一点中基层政府对本身职能定位的偏差,在"千条线"的庞杂基层事务中,基层政府难于结合本土实际抽身去思考和细化政策的落地。

第三,政府养老服务财政投入不足。前文提到农村养老更多依靠内生性供给,政府公共财政在农村养老方面的投入长期有限,这影响了农村养老服务基础设施建设的完备。例如 S 村村内没有老年活动中心及日间照料中心,一些基础性配套养老设施存在较大缺口。但政府在养老方面财政投入的不足是受本镇财政能力制约的,Y 镇是经济欠发达地区的农业重镇,缺少支撑本镇经济发展的支柱产业,企业几乎未有入驻。政府财政开支本就紧张,这必然影响其对农村养老服务的投入,形成恶性循环。

(二)基层治理组织参与缺失

在农村养老服务体系中,村两委及基层社会组织应当在政府与家庭之间发挥更重要的养老支撑作用,更贴近农村老年人的需求,然而笔者在实际调研及工作开展中发现,其对于欠发达的农业型农村来说存在着较为突出的参与缺位问题。

第一,村委养老难以运行。对于农村地区而言,村委发挥着与城市社区一样的作用。但对 S 村来说村委养老供给不足突出,村内没有日间照料中心,只能在镇政府的支持下对严重困难的老年人家庭予以养老支持,对于更多的空巢、高龄或失能半失能老人的医养照护需求难以供给,更不用说精神慰藉方面的养老服务。这受限于两方面,一方面是基层财政支持缺乏。S村是典型的农业型农村,本村没有支柱型产业支撑,也没有成规模的种植业。村委养老服务中心需要财政投入,然而村集体经济本就偏于紧张,难以满足老年人养老服务需求。同时Y镇作为农业重镇,无法从政府层面给予额外的资金支持。另一方面是专业人员配备不足。村委养老服务的运营维系需要专业服务人才,S村作为经济发展弱势村,在无支柱产业和财政支持的前提下,很难引进养老服务项目、配备专业的护理人才、医疗服务人才等。

第二,村两委班子职能重叠能力有限。村两委班子在养老服务中扮演基层治理组织角色,然而,现实中其管理能力难以有效回应老年人养老服务需求。一方面是因为基层村组干部整体素质水平有待提升。村党员队伍结构不合理,整体年龄结构偏大、学历程度偏低,年轻党员培养欠缺,多选择向外发展,接班志向不足。笔者在与村委访谈中了解到,他们自身对于为老年人提供养老服务表示质疑,仍然持传统的家庭养老观念,不认为村镇有责任提供养老服务。另一方面,村级组织中,多数组织职能重叠,效力有限,村干部往往一人"身兼数职",许多本应由自治组织承担的职能推给村党支部,使得村党支部琐事缠身,且面对繁多的政策任务更难以顾及村内老年人养老需求,难以在农村养老服务供给上发挥积极的作用。

第三,农村养老社会组织缺失培育土壤。农村养老社会组织并没有在多元体系中扮演灵活提供个性化服务的角色,而是难以发展维系。S村曾有过舞蹈活动队定期开展老年舞蹈训练,但因规模小、缺乏资金支撑和积极老年人带动、村委无暇顾及以及多数老年人表示不看好而发展终止,现今已没有养老社会组织。农村养老社会组织在S村这类欠发达地区难以扎根生长的关键在于规模小、能力弱,更依赖政府组织,而在缺失村镇政府政策、资金支持的情况下,难以维系可持续发展。

(三)养老服务资源缺乏整合创新

农村养老服务体系出现多元失灵困境的关键不仅在于资源匮乏,还在于对现有资源的整合利用率极低,各个主体间关系割裂。传统的农业型农村在发展受限的历史进程中累积了一定的养老资源,无论是Y镇的敬老院、卫生院,还是

S村附近其他村的幸福院、老年活动中心等传统的农村社会养老资源,都未被加以创新利用,割裂地为老年人提供养老服务。敬老院在政府运营下为无亲人在世的五保老人提供兜底养老;卫生院在养老服务体系中发挥的作用更多在于镇政府组织入村免费量血压等体检活动;村卫生室在村内养老医疗服务中作用式微,更多在于量血压、测体温等简单项目。镇政府、村委及社会组织间各主体在养老服务供给中较为割裂,社会养老资源没有在政策上的创新利用,在针对当今失能半失能等困难群体老人的社会福利保障和养老需求上没有相应的应对变化,只能遵循传统政策运转,发挥的效用日渐式微。

(四)农村老年人认知观念滞后

农村老年人有更传统的家庭养老、宗族养老观念,对于村委养老、社会养老等持强烈的抗拒态度,即使是在村内人口"空心化"、代际养老动摇的基础下也仍坚持自主养老。Y镇的敬老院也只有无亲人在世的五保老人,万不得已的情况下才选择此种养老方式。他们对于养老服务的概念很陌生,同时,对于村委组织开展的各类养老服务活动都表现得比较抗拒,据S村村委反映,"一开展个啥活动,都不愿意来,除非说有奖品,领几个鸡蛋领袋米才来。"这使得村养老服务活动组织的开展屡屡受挫,响应率、参与率低,长此以往恶性循环。

通过走访调研,笔者发现,事实上农村老年人忽视需求现象突出。就医疗照护需求而言,农村老年人受教育程度普遍偏低,经济欠发达的农业型农村地区更是如此。老年人保健意识差,更容易面临健康问题。S村老年人多数罹患慢性病,但依然有认为慢性病"该得就得,不该得就不该得,预防也没用"的普遍观念存在,他们有更多的医疗照护方面的养老需求,但又因为认知滞后而容易忽视疾病,形成恶性循环。就精神文化而言,老年人多以打牌、聊天为休闲活动,访谈中表示未对其他精神文化活动有需求,然而,他们长期置身于精神文化生活普遍匮乏的村庄生活情境下,且受限于参与门槛和组织引导,形成忽视精神文化需求的现状。在走访及实际工作开展中,老年人对于笔者所策划的科普讲座活动多表现出积极的态度。

五、对策研究

健全现代乡村治理体系是乡村振兴战略中的重要篇章,应积极应对农村人口老龄化挑战,让农村老年人具有更多的获得感和幸福感。针对欠发达的农业型农村地区,从政府主导、单一主体供给逐渐向以政府为主导、多主体参与协同供给转变,实现政府、社会、家庭责任共担的多主体高效互通机制。在 S 村,笔者探究通过党建引领从政策执行、养老服务资源聚合、发挥能动性角度全面提高多元治理主体参与基层治理的能效,构建农村老人的社会支持体系,实现多元赋能。

(一) 强化政府养老服务角色

第一,政府需要优化自身在农村养老服务体系中的职能定位,调动其他主体在农村养老服务供给中的能动性和参与性,向引领合作平台的角色转型,实现农村养老服务资源的优化配置。一方面,对于各级政府而言,需要自身优化财政投入结构,给予农村、尤其是欠发达农业型农村养老服务的发展以财政支持,同时对社会资本进入养老领域给予政策支持,包括下文将提到的农村社会组织、农村社会工作。另一方面,对基层乡镇政府而言,更重要的是政策的本土化实践和养老服务体系的本土化构建。不同农村地区经济发展水平和老年人需求层次不同,对 Y 镇和 S 村而言,通过调研已经初步了解到老年人对医疗健康需求更甚,需要强化医养结合的养老服务。明确方向后,应当在全面调研养老需求的基础上进行本地养老服务政策的统筹谋划,动员民政、社保、卫生等力量,统筹养老服务的精准治理。

第二,养老服务政策在基层得到落实,民众诉求得到政府回应,才能实现政策执行上的精准治理。老年群体真正关心的问题与政策考核不直接挂钩,养老政策之间整合不力导致出现推行养老项目以带动财政增收为目标、基层人员身兼数职、老龄工作无专人开展以及基层政府难以落实政策的倒置现象。各层级政府应加强指导和协调,实现各层级协作共治,避免层层加码,使得政策效果大打折扣。基层政府应当真正以老年人的需求和满意度为动力,强化养老服务角色目标群体需求的政策回应,真正将资源和服务下沉基层。另外,基层政策落实存在一定滞后性,且农村群体文化程度较低,因此,打破政策悬浮、普及政策、提升政策知晓率,让老年人知晓优惠政策更易表达自身需求,把政策红利真正嵌入农村养老服务基层治理中。

(二) 资源赋能基层社会组织

盘活基层治理的多样治理资源是基层社会组织参与农村养老服务供给的关键。对于农业型农村来说,经济发展水平滞后,发展养老服务的第一步就是盘活现有资源。笔者将 S 村可待盘活的资源列为村两委、精英老人、农村老年组织、驻村工作队及社工(如笔者自身),对于养老服务发展较滞后的 S 村而言,需要政府或社工组织担任主导、串联作用,社工所担任的是资源链接者、服务提供者和使能者。

第一,对于村两委而言,应当成为基层养老服务创新的中坚力量。需要基层政府向农村基层组织赋权,给予其一定的主体激励,使村两委能够在基层养老服务中实现服务、资源的协调整合。村两委班子成员作为老年村民与镇政府之间的承接者,直面老年群体的需求,更负责养老政策最后一层级的落地落实。他们的态度与能力一定程度上影响了政策的落实效果与老年需求的反映畅通程度。无论是养老服务入户的开展还是农村老年组织的成立都需要村两委的配合与支持。鉴于此,笔者首先对 S 村村两委在养老服务工作中的态度与能力展开一系列科普与培训,提升其对于养老服务概念、各项养老服务政策及农村养老服务体系建设的认识,科普关于老年人不同类型需求的知识,在 S 村如何开展老龄工作上给予其创新空间,充分发挥其主观能动性。村两委的态度和能力的提升更有利于党建引领各项养老服务的开展。

第二,以精英老人带动农村老年组织协同参与。对于像 S 村一样的传统农业型农村而言,村内仍然有存在一定影响力的老人,尽管他们可能不似宗族型村庄的精英老人一样有天然的传统权威。在 S 村,有退休教师具有一定影响力,因为 S 村村小户少,村内大部分都是退休教师老人的学生,其相较于村委更代表一定的权威性。S 村老年人抗拒村委开展的老年活动,基于此,在无任何农村老年社会组织发展基础的 S 村,利用精英老人资源,具有一定号召力。农村老年组织基于 S 村老年人特征选择刺绣、下棋与健步走等老年活动,实现组织建设制度化与组织目标公共化,通过盘活 S 村现有资源赋能,推动农村老年组织生根,而后再进一步加强其自身能力建设,发挥在养老服务治理主体中的作用。

(三)创新养老服务关爱体系

对于农村老人来说,家庭自主养老仍然是最主要的养老方式,但不可忽视村委及机构养老的作用。在农村,代际养老被动摇,老年人有更多医疗照护、精神关爱需求的背景下,其可以作为家庭养老的重要补充,打造适宜农村老年人的创新养老服务体系。

第一,拓展完善机构养老服务功能,在整合现有资源基础上为特殊困难老年人兜底。乡镇敬老院、卫生院对 Y 镇及 S 村而言是传统的、待盘活的养老资源,首先要充分发挥乡镇敬老院的兜底保障功能,为失能半失能的五保老人提供必要的医疗照护服务。同时,积极推动敬老院经营体制改革,吸引社会资本,推动其向公办民营转变,整合敬老院及卫生院资源,结合 S 村及 Y 镇老年人医养需求大的现状,在供养能力富余的前提下面向各村高龄、独居、失能半失能等困难老人提供养老服务。另外,村内的日间照料中心、活动中心也是养老服务供给的重要场所。S 村此前并没有活动中心,笔者借助 S 村修建党群服务中心的契机,在 Y 镇政府与 S 村两委的支持下,谋划老年活动中心的建设,资金方面则通过与驻村帮扶单位对接,获得财政支持,因地制宜借助照料、活动中心为老年人提供常态化活动场所。

第二,注重养老服务中的精神关爱服务建设。农村养老服务易出现重物质而轻精神的倾向,而单调乏味的文化生活更易诱发农村老人,尤其是独居、留守老人的身心疾病。在基本生活保障的基础上,应当充分关注老年人的精神需求与社会参与。在 S 村,一方面,笔者作为社工,通过老年社工党建系列小组活动的方式开设科普讲座,调动老年人参与同龄群体活动,以此为其搭建同辈群体支持网络,同时,与村委定期走访独居、高龄老人,关注老年人精神生活状态。另一方面,建设并发挥农村老年社会组织的作用,通过下棋、手指操、健步走的集体活动,增加农村老年人参与社会生活的机会,丰富其精神生活,推动整个养老服务体系在老年人精神关爱服务上的创新完善。

(四)以乡村振兴带动农村养老服务供给

在实施乡村振兴战略过程中,农村养老服务供给仍然是较突出的问题,S 村有良好的文化保障及生态环境基础,因此,在乡村振兴背景下,重点分析产业振兴及人才振兴的带动。

第一,以乡村产业振兴带动农业型农村的内源式发展。通过对现有的养老服务模式进行探究可得,养老服务模式的创新多基于自身资源的挖掘利用,但高端养老、旅游养老等并不适宜在欠发达的农村地区进行推广。S 村需要根据自身资源的比较优势进行整合优化。对于像 S 村这样的传统农业型农村而言,发展是第一要义,以现代农业为核心实现内源式发展,才能真正为养老服务提供可持续的物质基础支持。对于该类农村而言,养老服务发展的第一大短板便是资金。作为传统的农业型农村,S村要推动现代农业的发展,动员种植大户、发展农民合作社、进行特色种植和农产品深加工,进一步发展农村电商。同时,结合S村生态环境良好的基础条件,培育休闲农业和乡村旅游新经济业态,以实现农业资源和要素的优化配置。在实现初步整合的基础上,才能通过政府购买、村集体购买等方式培育本村养老服务项目,吸引劳动力回流,实现发展。

第二,以乡村人才振兴推动养老服务人才培养。农村养老服务的第二大短板即专业人才的缺失,包括医疗护理人才、社工、低龄老人以及志愿者等。对于乡镇、农村而言,缺的不仅是人才,更是工作人员。一方面,依托政府的就业技能培训项目,调动村内尚未务工、闲置劳动力的积极性,加强养老服务人才的培养培训,培育一批养老服务志愿者开展基础的养老服务活动。另一方面,政府需要投入更多的人力资源,仅靠本就人员匮乏的村镇自身的力量无法实现养老服务人员的专业化建设。在前期需要引导城市资源倾斜,通过城乡融合政策,带动资金、人才向欠发达农村地区流动;也需要向在农村开展养老服务的人才主体给予更多的政策优惠和支持,在前期带动的基础上,农村实现内外部资源的整合,才能实现良性循环。

(五)主体赋能调节老年群体观念

农村老年群体作为养老服务的受众,其认知观念对于农村养老服务的开展类型和程度发挥着重要的影响作用,深入了解农村老年群体的认知观念也是我们开展老年服务前进行农村老年人调研的重要一环。面对S村老年群体普遍认知传统、基本医养健康知识缺乏、社会参与度低、精神娱乐匮乏的现状,笔者通过主体赋能的方式激发老年群体的能动性、提升参与度,更进一步提升老年群体的认知观念。

角色赋能调动老年群体积极性。无论是老年课堂的科普还是老年活动的开展,都需要老年群体的参与。传统观念影响下的农村老年人更易受到精英老人、权威老人的影响,因此,笔者针对S村颇有权威的退休老教师进行动员,赋予其老年活动召集者角色,从而调动其他老人参与的积极性。在实现了老年群体一定参与度的基础上,开设老年社工小组活动,从生理与精神健康两方面展开,针对慢性病管理、阿尔茨海默病、老年跌倒、智慧助老及生命教育等开展活动,借此搭建老年群体同辈支持网络,提升老年群体参与度。同时,在开展活动的过程中,培养老年人对村两委的信任,逐步号召老年人挖掘自身兴趣爱好,加入手指操、下棋、健步走等老年活动中。

培育老龄互助理念。对于人才匮乏、逐步空心化的农村来说,需要更大限度地挖掘在地资源,以老助老,低龄老年人就是一支有力量的队伍。在政府给予村委自主探索互助养老发展空间的基础上,仍然需要进一步调研老年人的需求及低龄老人的意愿。在更为保守落后的如S村一样的农村,在现阶段直接发展互助养老是不现实的,首要的是互助理念的培育及互助文化的浸染。通过老年社工小组活动及老年课堂的开展,强调自我增能,提升其主体意识,培育创造更高福祉老龄生活的信心,在此基础上,以可接受的、能听懂的"大白话"持续动员与宣传,提升其对互助养老的认知度与参与意愿,理念的培育对于现阶段滞后发展的S村而言更为重要,这也是村委及镇政府和农村老年人间信任关系的建立过程。

六、结语

在老龄化形势严峻的背景下进一步推进乡村振兴、完善基层治理,更需要探究资源匮乏的欠发达农村养老服务的发展。实现乡村产业、乡村人才的发展是农村养老服务供给的重要基础,通过强化政府养老服务角色,提升政策的回应度与执行力,盘活基层社会组织及机构养老资源,打造养老服务关爱体系,实现养老服务和资源的聚合。在这个过程中村两委、基层组织及老年群体的能动性充分发挥,激活内生力量是像S村一样的农业型农村走出多元困境,实现养老服务多元融合发展的关键。笔者已开展了初步实践,还需要继续在老年人需求、制度支持、资源优势及组织能力培育的融合下,更进一步实现基层养老服务的精准治理。

参考文献

[1] [美]埃莉诺·奥斯特罗姆.公共事务的治理之道[M].上海:上海译文出版社,2000.

[2] 班涛.社区主导、多元主体协同参与:转型期农村居家养老模式的路径探讨与完善对策[J].农村经济,2017,(05):91-96.

[3] 陈园.城市养老服务供给的实践困境及对策研究[D].江西财经大学,2018.

[4] 格里·斯托克,华夏风.作为理论的治理:五个论点[J].国际社会科学杂志(中文版),2019,36(03):23-32.

[5] 韩烨,付佳平.中国养老服务政策供给:演进历程、治理框架、未来方向[J].兰州学刊,2020,(09):187-198.

[6] 黄思.社会治理视域下的农村老年组织:治理资源与参与机制[J].云南民族大学学报(哲学社会科学版),2021,38(06):74-79.

[7] 李娟.社会组织承接政府养老服务项目面临的制度困境——以新制度主义为视角[J].苏州大学学报(哲学社会科学版),2020,41(02):44-50.

[8] 林宝.中国农村人口老龄化的趋势、影响与应对[J].西部论坛,2015,25(02):73-81.

[9] 刘燕.西南欠发达地区农村老年人对医养问题的认知与需求分析[J].西北人口,2018,39(05):119-126.

[10] 鲁可荣,金菁.农村居家养老何以可行及可持续——基于浙江"金东模式"的实证分析[J].中国农业大学学报(社会科学版),2015,32(06):87-93.

[11] 陆杰华,郭芳慈,陈继华,等.新时代农村养老制度设计:历史脉络、现实困境与发展路径[J].中国农业大学学报(社会科学版),2021,38(04):113-122.

[12] 吕雪枫,于长永,游欣蓓.农村老年人的机构养老意愿及其影响因素分析——基于全国12个省份36个县1218位农村老年人的调查数据[J].中国农村观察,2018,(04):102-116.

[13] 曲顺兰,王雪薇.乡村振兴战略背景下农村养老服务研究新趋势[J].经济与管理评论,2020,36(02):26-35.

[14] 任玙.21世纪以来中国乡村基层治理研究回顾与前瞻[J].人文杂志,2020,(07):25-35.

[15] 施巍巍,罗新录.我国养老服务政策的演变与国家角色的定位——福利多元主义视角[J].理论探讨,2014(02):169-172.

[16] 孙莉华,王中汉.农村居家养老服务精准发展思路探究——基于南京市农村的调查[J].湖北农业科学,2017,56(20):3991-3996.

[17] 王皓田."软硬"兼施促进医养结合养老服务发展[J].宏观经济管理,2019,(07):34-38.

[18] 王军强,李兵.城市养老服务政策基层实践偏差、困境及其治理——以北京市为例[J].社会保障研究,2018,(03):15-23.

[19] 王先菊.养老服务供给研究[D].中共中央党校,2018.

[20] 王彦斌.欠发达地区农村医养结合养老服务体系构建[J].探索,2017,(06):153-159.

[21] 于一凡,徐文娟.农村地区养老服务设施研究——以浙江省江山市为例[J].城市规划,2018,42(05):78-86.

[22] 张明锁,韩江风.构建"慈善+扶贫+产业"的新型农村养老模式[J].中州学刊,2018(06):62-67.

[23] 张卫,张春龙.当前我国养老服务社会化面临的问题及对策——基于地方养老服务工作的思考[J].现代经济探讨,2010(05):39-42.

[24] 郑吉友.乡村振兴战略下农村医养结合型养老服务体系研究[J].广西社会科学,2021,(11):17-26.

[25] Davey A, Patsios D. Formal and Informal Community Care to Older Adults: Comparative Analysis of the United States and Great Britain[J]. *Journal of Family and Economic Issues*, 1999, 20(3): 271-299.

[26] Esping-Andersen G. The three political economies of the welfare state[J]. *International Journal of Sociology*, 1990, 20(3): 92-123.

[27] Johnson N. *The Welfare State in Transition: The Theory and Practice of Welfare Pluralism*[M]. Boston: University of Massachusetts Press, 1987.

[28] Ribbe M W, Ljunggren G, Steel K, et al. Nursing homes in 10 nations: A comparison between countries and settings[J]. *Age and Ageing*, 1997, 26(2): 3-12.

[29] Richard R. Common goals but different roles: the state's contribution[J]. *The Welfare State East and West*, 1986(1): 13.